基金项目

1. 中央支持地方高校改革发展资金人才培养支持计划项目"新时代职前幼儿教师人文素养培育机制研究"（2019）。

2. 教育部人文社会科学研究青年基金项目"基于师幼互动的学前教育质量评价体系构建及应用模式研究"（18YJC880131）。

3. 黑龙江省哲学社会科学研究规划项目"黑龙江省0-3岁婴幼儿托育机构质量评价标准研究与实践"（21EDB072）。

师范生人文素养培养机制
研究与探索

刘大鹏　张晓梅　著

九州出版社
JIUZHOUPRESS

图书在版编目（CIP）数据

师范生人文素养培养机制研究与探索／刘大鹏，
张晓梅著. -- 北京 ： 九州出版社,2022.11

ISBN 978-7-5225-1426-0

Ⅰ.①师… Ⅱ.①刘... 张… Ⅲ.①人文素质教育
－教学研究－师范教育 Ⅳ.①G40-012

中国版本图书馆 CIP 数据核字（2022）第 218921 号

师范生人文素养培养机制研究与探索

作　　者　刘大鹏　张晓梅　著

责任编辑　王丽丽

出版发行　九州出版社

地　　址　北京市西城区阜外大街甲 35 号（100037）

发行电话　（010）68992190/3/5/6

网　　址　 www.jiuzhoupress.com

印　　刷　廊坊市海涛印刷有限公司

开　　本　710 毫米×1000 毫米　16 开

印　　张　12.25

字　　数　200 千字

版　　次　2022 年 11 月第 1 版

印　　次　2024 年 7 月第 1 次印刷

书　　号　ISBN 978-7-5225-1426-0

定　　价　68.00 元

前　言

随着中国特色社会主义进入新时代，建设高质量教育体系，构建高质量教育发展新格局，已成为新的历史时期我国教育改革发展的根本任务。高质量教师是高质量教育发展的根本力量，是深化教育教学改革的第一资源，但纵观我国教师队伍的结构水平、学历水平和整体素质来看，很大程度上还不能适应教育高质量发展的迫切需要。近年来，我国先后出台了《中共中央　国务院关于全面深化新时代教师队伍建设改革的意见》《新时代基础教育强师计划》等系列政策文件，开启了新时代高素质专业化创新型教师队伍建设新征程，以期加快推进高质量教师队伍建设水平。

教师教育是教师队伍建设的基础，是教育事业的源头，教师教育质量的高低直接影响到我国教育的质量。当下，国家和社会对教师专业化水平提出了更高的要求，除了重视教师的专业知识和技能之外，更加重视"立德树人"，注重教师的人文素养。人文素养现代化，是立德树人的思想基础，是社会主义现代化人才的本质特征，是推进教育现代化的核心要义。然而，教师人文素质的提高，仅仅做好职后培训工作是远远不够的，必须与师范生职前培养做好衔接，紧密结合。

对广大的师范生而言，人文素养是师范生核心素养的重要组成部分，提高自身的人文素养对增强自身竞争力，对提升我国教育质量至关重要。立德树人是高校的立身之本，高校要始终牢记为党育人的初心，坚定为国育才的立场，以树人为核心，以立德为根本，立德树人要贯穿到高等教育各领域。师范生人文素养的培育，对于高校立德树人工作、人才培养都具有积极的促进作用。做好师范生的人文素养培育工作，要在正确认识人文素养的内涵、人文素养的组成部分与人文素养价值功能上下功夫，还要结合时代发展要求，做到与时俱进，正确认识新时代背景下对师范生人文素养的要求，结合师范生人素养培育现状，找到师范生人文素养培育问题所在，促进师范生人文素养的提升。因此，做好师范生人文素养工作，对于把握好我国教师教育的源头具有重要意义。

本书总共有五章，第一章对师范生人文素养的内涵深度分解；第二章主要针对师范生人文素养的个体的价值功能与对社会的价值功能详细介绍；第三章分析新时代师范生人文素养的诉求，从科学合理的知识结构、逐步提升的学习能力、积极主动的心理状态、高尚善良的精神品质四个方面分析新时代对师范生人文素养的新要求；第四章主要针对师范生人文素养的现状展开调研，从现状入手分析存在的问题，找到关键所在；第五章主要是针对师范生人素养现状提出有效的应对策略，促进师范生人文素养的提升。

在本书撰写过程中，参考了很多专家的资料，在此深表感谢，由于时间仓促，书中难免有不足之处，敬请读者批评指正。

目　录

第一章　人文素养研究综述

第一节　人文素养内涵研究综述

一、人文素养的内涵研究

国内学者关于人文素养的内涵研究大都是从词义入手，将"人文素养"一词进行拆分，先对"人文"这一词进行释义，然后解释了"人文素养"的涵义；也有学者在分别解释了"人文"和"素养"两个核心词组的基础上对"人文素养"进行了阐释。迄今为止对于人文素养的内涵，无论是在国内还是在国外，都没有一个统一、标准的界定，国内各位学者也都提出了自己的想法，但大都是将人文素养界定为人的内在心理品质。

（一）人文的内涵研究

为了深入理解"人文素养"的内涵，国内有学者首先从"人文"一词的词义构成角度出发对其进行了概念探究。郭齐认为应该先对"人"有基本的认识，而"人"也是"人文素养"中的主体词。从生物学的角度看，人由于其大脑的复杂性和特殊性，具有普通动物所没有的完整意识机能，属于高级的灵长类动物。人是社会性的，个体之间的社会交际创立了广泛的传统、习俗、宗教制度、价值观、法律，这些共同构成了人类社会的基础。① 王娜从语言构成的角度对人文一词进行了解释，她提出，人文包含两种含义，即"人"和"文"，于是便分别从"人"和"文"两个词的含义对人文进行了释义。她提到，"人"是万物的

---

① 郭齐. 艺术教育与大学生人文素养培育研究 ［D］. 南昌：南昌大学，2018.

尺度，并从人自身存在的目的和人的一生入手，认为人的一生应是探寻、追求人生和宇宙的正鹄，人是一种精神性的存在，是需要被尊重的独立人格。"文"则是指文化，从广义的角度来看，"文"指的是人的全部精神创造活动，不仅包含了人的意识观念，还包括人类所创造的语言文字、伦理道德、文化艺术、科学技术、宗教哲学等等。文化是一种社会现象，是人们长期创造形成的产物，同时又是一种历史现象，是社会历史的积淀物。①

关于"人文"的内涵及其来源，学者们追溯到了我国古代的哲学中。经研究发现，"人文"最早可见于我国积累筮占之辞的辩证法哲学书《易经》，最初是与"天文"相对，一个代表社会现象，另一个代表自然现象。毛维国在对人文素养进行概念界定时，提到《周易》和宋代程颐对"人文"一词的注解。《周易·贲卦·象辞》中说："阴柔交错，天文也；文明以至，人文也"；程颐在《伊川易传》中说："天文，天之理也；人文，人之道也"。② 我国古代的哲学家们从"天地人文"的角度进行了论述，而发展到现代人文一词有了不一样的涵义。根据《辞典》记载，人文指的是"人类社会的各种文化现象"，并从广义和狭义上对文化现象进行了不同的界定。广义层面上是指与人类社会有直接关系的文化；狭义层面上是指文学、历史、哲学、法学等各种文化领域。为了深层次地理解人文的现代含义，高研进一步对"文化"进行了解释，她在研究中提出，文化是人类、某一个民族或某一人群所共同具有的符号、价值观及其规范。她认为，人文就是以人为本的文化，是人所形成的正确而又先进的三观，是良好的道德规范和完善的法律制度。③

"人文"最早在西方源自拉丁文"Humanitas"，翻译过来的意思就是人性、教养，最初蕴含的深意是教书育人，塑造完美人性。但随着自然社会的发展和科技的不断进步，文艺复兴时期"人文"发展成反对神权，重视人权，更加倡导人的价值和尊严，提倡人生而自由且平等，比如当时流行的思想"认识你自己"

---

① 王娜. 河北省高校体育教育专业学生人文素养的研究 [D]. 石家庄：河北师范大学，2016.
② 毛维国. 地方应用型本科院校学生人文素养缺失现状及对策研究 [D]. 上海：华东理工大学，2012.
③ 高研. 高中英语教学中学生人文素养培养的调查研究 [D]. 南京；南京师范大学，2014.

"人是万物的尺度"等等。在西方进入 20 世纪后，人文又成为与科学相对的文史哲等一系列学科和事业的专称。

在研究人文素养的内涵时，学者们不仅系统解释了人文的概念，也与研究者同时提到了"人文主义"。虽然人文一词在我国根据历史记载很早就出现，一直都有人文主义的传统，但"人文主义"这个词却被认定为属于舶来词，是从西方传到国内，最先起源于拉丁文。西方更加注重人性，注重人的发展地位，主张把人从神的束缚中解放出来，倡导人文主义的思潮也由此而来。① 人文主义（Humanism）一词出现于 1808 年启蒙运动时期，当时的德国哲学家们将人类统称为"Humanity"，人文主义者将自己称为"Humanista"。人文主义思潮在西方有两个核心意义：一是倡导个体文明，二是倡导个人尊严，简而言之人文主义就是重视人、关注人、爱护人。而西方发展到近代的人文主义在崇尚人道的同时更加倡导科学，人文是目的，而科学是手段，在此基础上促进人在物质和精神方面的和谐发展，解放人的天性，实现人与自然社会和谐相处的愿望。进入现代的西方对于人文的理解则是指在交往中人与人之间的相互尊重，人文是自由基础之上人们开展的相互间的合作。

可以看到，无论是国内还是国外，关于人文的核心概念解释有都体现了以人为本，强调人的价值和地位。尽管中西方对于人文的阐述有一定的相同之处，但还是存在一定的差异，比如中国传统的人文更强调人的社会价值，而西方主要关注的是人本身的内在价值，突出强调每个人的个性。

（二）素养的内涵研究

在梳理素养的内涵时发现有学者在界定"素养"一词的内涵时，首先将"素养"和"素质"分别进行了解释，也对作为不同概念的两个词进行了区分；也有学者将素养界定为是介于"素质"和"修养"二者之间的一个概念，对修养和素质进行解释的基础上界定了素养的内涵。王畅认为，修养指的是思想、知识、能力等方面达到的一定水平；而素质指的是人的先天解剖生理特点，是人的

① 王畅."经典诵读"在提升高中生人文素养中的价值追问与反思［D］.长沙：湖南师范大学，2015.

心理发展的生理条件，属于心理学的范畴；素养则是指一个人通过教育训练在先天的生理条件的基础上发展起来的某一方面的一定的水平。[①]

"素养"（attainment）和"素质"（quality）是我们经常见到的两个学术性词汇，这两个词的内涵、特征和所指既有区别和不同，彼此之间又存在一定的关联。要厘清素养的内涵，首先要区分清楚"素养"和"素质"这两个相似而又不同的概念。首先了解清楚"素质"的概念，《辞海》中是这么解释"素质"的：人或事物在某些方面的本来特点和原有基础；生理学和心理学主要强调其先天性，认为与生俱来的感觉器官和神经系统方面的特质，是心理发展的生理条件；而教育学强调后天性，认为它受环境、教育的影响，通过个体认识与社会实践形成较稳定的身心发展的基本品质。[②] 张楚廷所著《大学人文精神构架》在解释"人文素质"时提道："人的素质是在外界的交往中将习得的文化（知识、经验、信息等）通过内化过程所形成的内在之物"，而人文素质便是其中的精神部分，物质部分则是身体素质。[③] 也有学者根据偏向学科不同，将"素质"界定了三层不同的具体含义：生理学上的"素质"主要是指人的大脑和神经系统结构和技能，比如人的"身体素质""遗传素质"或"先天素质"等等，强调的是人体的各种器官及其机能，这也是我们常说的"素质"；心理学上的"素质"主要指人的认识能力、情绪、情感、意志力等，它具有稳定性，不会轻易改变，也具有内隐性，无法轻易分辨，心理学上所提到的"素质"通常是通过人的实践活动逐步形成的，需要经过个体的内化与外化的相互作用；教育学上的"素质"主要是指"人在先天的生理基础上，经过后天教育和社会环境的影响，通过个体自身的认识与社会实践，养成的比较稳定的身心发展的基本品质或素养。"[④]

关于"素养"的概念，大多数研究者都借鉴《高级汉语大词典》中的解释，即"素养是由训练和实践而获得的技巧或能力"，是一个静态的名词，它同素质一样都具有稳定性和内隐性，但其不同之处在于更加强调能力，且这种能力必须

① 王畅."经典诵读"在提升高中生人文素养中的价值追问与反思［D］.长沙：湖南师范大学，2015.
② 谭焱良，罗薇.大学生素质拓展活动教育研究［M］.长沙：湖南师范大学出版社，2008：10.
③ 周原宇.基于大学生人文素养的经典阅读研究［D］.长沙：湖南农业大学，2020.
④ 徐朝阳.当前中学生人文素养缺失问题分析及对策研究［D］.武汉：华中师范大学，2014.

是通过训练或实践获得的。也有学者借鉴了《辞海》中的解释，即"经常修习培养"，素养是一种动态的过程，指的是在个体的发展过程中，为了推动其身心的发展而进行的修行和培养。① 还有学者提到了我国古代论著中的"素养"，包括《汉书·李寻传》中的"马不伏历，不可以趋道；士不素养，不可以重国。"和《后汉书·刘表传》中的"越有所素养者，使人示之以利，必持众来。"以及宋代陆游所著《上殿札子》中的"气不素养，临事惶遽。"在此基础上，该学者认为素养与素质是同样的含义，素养就是一个人的修养。② 这样的概念界定与其他学者的想法产生了分歧。还有学者认为素养分为不同的类别，如道德、职业、人文、科学、理论素养……每个人所具备的素养也具有个别差异性，比如有的人道德素养较高，但有的人却一般甚至较低；有的人科学素养较高，而有的人人文素养更高。素质不等同于素养，素质好不代表素养就高，反之亦然，相比较而言素养的涵义更为复杂，素养的养成也比素质的提高相对更难。③ 翟燚将素养划的涵义划分成四层：一是人内涵的素养；二是平素所供养；三是素质和教养；四是平时所养成的良好习惯。④

　　虽然学者们对"素养"的界定说法不一，例如"素养是一个人一切行为的总和，包括人内心世界的完善并将这种精神内化于心、外化于行的表现"，或"素养指一个人平时所养成的良好习惯或稳定的内在精神品质，包括情感、态度、价值观、生活方式等多方面品质""是指人通过长期的学习和实践（修习培养）在某一方而所达到的高度""素养是个人思想品德、人格体魄、学识水平与践行能力的综合表现"……但是，学者们都认同素养不只是外在的表现，更有内在的精神和品质，素养具有内隐性、稳定性、差异性和发展性等特征。

（三）人文素养的内涵研究

　　相对于"人文"和"素养"而言，"人文素养"这个概念更为复杂，内涵也

---

① 沈涵. 基于人文素养的高中历史教学策略研究［D］. 福州：福建师范大学，2020.
② 王娜. 河北省高校体育教育专业学生人文素养的研究［D］. 石家庄：河北师范大学，2016.
③ 徐朝阳. 当前中学生人文素养缺失问题分析及对策研究［D］. 武汉：华中师范大学，2014.
④ 翟燚. 思想政治课教学中提升学生人文素养的路径探究［D］. 大连：辽宁师范大学，2016.

相对更加丰富，不同研究者也从不同的角度和层次对该词的概念进行了理解，因此学者们对这个词的界定也不尽相同。有学者将人文素养和人文素质视为同一个概念，例如肖振宇认为人文素养也就是人文素质是公民在参与社会生活的过程中，所体现出来的修为和品质。具体体现为一个人的思想品位、人际交往、心理素质、思维方式、道德水准以及人生观、价值观和情感等个性品格。① 朱坤红也认为人文素养就是人文素质，即"即文化素质的人的方面"。② 周原宇也曾提到："人文素养即做人的基本素质，是人类认识自己的学问，它体现个人对关于自己、他人与社会的态度和原则。"③

也有的学者认为人文素养是在人类历史发展过程中形成的先进的部分。例如教育学者肖川是这样界定人文素养内涵的：人文素养是指人类文化中的先进的、科学的、优秀的、健康的部分。肖川教授认为，人文素养的核心就是先进的价值观，主要内容是先进的规范，而所谓先进的规范，于社会而言是先进的法律、制度规范，于社会成员而言是先进的道德、习惯规范，于青少年而言则是养成良好的行为习惯规范。④

还有的学者认为人文素养是人通过学习人文知识，从而作用于人形成的内在品质和修养。如孟子所说："君子所性，仁义礼智根于心"，人文素养更倾向于是一种内在的修养。姬文利就曾将人文素养定义为"人文科学的研究能力和知识水平"，她认为人文素养主要是以人为对象和中心的人文精神，也就是人的内在品质，体现为人的价值观和世界观、思想道德水平以及处事的基本原则。它还包括科学精神和艺术精神。它是生活中美好和优雅的呈现，是人们追求情感的表达、感性的认知。同时，它将我们的生活多彩化和多样化，让我们的思想在文化的碰撞中绽放出火花，得到创新，得到解放。它的灵魂体现着对人的爱、尊重和关怀，是不受自然所限制，不受天道所约束，不以万物为尺度。它对抗着社会中阻碍人类进步和生存的，凌驾于人类之上的教义、理论和观念，带领人们走向光

① 肖振宇，乔芳菲. 高师院校培养学生人文素养的探讨［J］. 教育探索，2012（10）：77-78.
② 朱坤红. 历史学科人文素养培养的实践探究［D］. 乌鲁木齐：新疆师范大学，2015.
③ 周原宇. 基于大学生人文素养的经典阅读研究［D］. 长沙：湖南农业大学，2020.
④ 王娜. 河北省高校体育教育专业学生人文素养的研究［D］. 石家庄：河北师范大学，2016.

明、健康、快乐的未来。① 沈涵也认为，人文素养通过语言与行为外化表现出的文化修养与个性品质。②

虽然不同学者对人文素养的内涵理解各式各样，但不难发现他们之间也存在着共同的认知，即人文素养无论是以何种形式形成，也无论其表现出来的形式又是如何，最终是内化于人的优秀品质和良好精神品格，通过人的外在行为和实践表现出来。

二、人文素养的内容研究

多数学者在对人文素养的内涵进行界定的基础上探究了人文素养的内容，认为人文素养又包含几个方面，但在人文素养的内容研究上，研究者们提出了少则两个，多则五个方面的内容，不同学者之间的想法也不尽相同。

（一）二层面说

有学者认为人文素养包含两个方面，例如朱坤红在对高中历史学科人文素养进行实践探索时，不仅认为人文素质就是人文素养，还将人文教育的内容概括为两个部分：人文知识和人文精神。她认为，人文素养就是人文知识的吸收，也是稳定的内部特征形成的内在化，即人文精神，例如价值观、人生观、社会责任等等。③ 柳万一研究了现阶段的音乐鉴赏课程当中小学生人文素养的培养，他也认为人文素养的提升在于两个方面，人文知识和人文精神。人文知识的积累是前提，是人文素养提升的重要基础；人文精神的培养也是提升人文素养的另一个重要条件。④ 刘彬彬在研究初中物理教学中对学生人文素养的培养时，对人文素养的概念这样进行界定：" '人文素养' 就是指人所具有的人文知识和人文精神"。⑤ 在他看来，人文素养的具体表现是人的心理素质、文化品位、道德品质、人生态度以及审美能力等各方面丰富的精神活动。因此，他从物理人文知识、学

① 姬文利. 人文素养与和谐教育 [J]. 陕西师范大学学报（哲学社会科学版），2006（S1）：238-240.
② 沈涵. 基于人文素养的高中历史教学策略研究 [D]. 福州：福建师范大学，2020.
③ 朱坤红. 历史学科人文素养培养的实践探究 [D]. 乌鲁木齐：新疆师范大学，2015.
④ 柳万一. 小学音乐鉴赏课实施人文素养教育的对策与研究 [D]. 苏州：苏州大学，2016.
⑤ 刘彬彬. 初中物理教学中培养学生人文素养的研究 [D]. 岳阳：湖南理工学院，2019.

生对物理的情感、态度、价值观以及物理学史等方面对初中物理教学中培养学生人文素养的现状进行了调查和分析。王畅在研究"经典诵读"对高中生人文素养的提升时也从两个方面探讨了人文素养的内涵，分别是人文知识和人文精神，关于人文精神他是这么表述的："人确立的处理人与外界关系的态度，以及所形成的价值观和相应的行为道德规范等"。王畅认为后者是人文知识内化的结果，也是人文素养的核心和内在灵魂体现。①

通过梳理关于人文素养的研究文献发现，"两层面说"的学者们都是认为人文素养内容包含人文知识和人文精神，即使研究者们关于人文精神的表述存在差异。但总结下来发现，这样的认为人文素养仅包含两个方面内容的研究很少，更多的学者认为人文素养至少包含三个方面的内容。

（二）三层面说

大多数学者认为人文素养的内容包含三个层面，即人文知识、人文精神和人文行为，其中，人文知识是人文素养的基础和前提；人文精神是最重要的，是人文素养的核心和灵魂；人文行为则是人文知识与人文精神的外化表现。三者之间是相对独立但又相互联系的关系，一个人要想拥有较高的人文素养，必须将其学习到的人文知识内化为人文精神，再通过人文精神外化为日常生活实践中的人文行为。学者们对这三个相互联系的方面又赋予了不同的含义，具体如下。

人文知识是人们所学习的社会科学知识，可以通过文学、历史学、哲学、艺术学、美学、伦理道德等学科的学习来获得，学科学习也是获得人文知识的基础方法和主要载体。人文知识起着启发思维、丰富想象力、萌发创造力的功能，使人们信仰得以坚定、心灵得到充实、视野得到开阔、精神境界得到提升。因此大多数人将人文知识直接视为人文素养，认为拥有较丰富的人文知识就等于拥有了较高的人文素养，但刘松林却不这么认为，在他看来，知识如果没能够最终内化为素养，就永远只能是浅显的、可以量化的。就像某个博士可能在履行道德行为时迟疑不决，而目不识丁的农民却能在农耕日常中表现出关爱、正派的人文

---

① 王畅．"经典诵读"在提升高中生人文素养中的价值追问与反思［D］．长沙：湖南师范大学，2015．

精神。①

　　作为核心和灵魂的人文精神主要是指在人文知识内化的基础上所形成的稳定品质，我们可以将人文精神的本质解释为思维、意识和心理状态，它是一种正能量的特质，例如对民族、对国家甚至是整个人类社会的关怀与关爱，也可以将其视作"人文态度"，强调关注人生的真谛与对现世命运的理性思考。②。刘松林认为人文精神主张以人为本，强调人的价值和尊严，若把它拓宽到整个人类社会，则任何不利于人类发展和进步的都是不符合人文精神的，在这种设定下，"平等"和"自由"成了人文精神两个最重要的指标。

　　人文行为指的是分析和解决人与自然、人与社会以及人与自我之间问题的行为能力，具体可以体现为服饰得体、言行高雅、公道正派等等足够外化的表现，而人文行为作为外显的存在，是唯一一个可以被大众感知到的，也是衡量某个人他的人文素养高低的一个具体指标，也是人文素养在社会实践当中所追求的终极目标。针对较为稳定的人文行为，刘松林提出人文行为与人文知识并非完全成正比，"学历高不代表素质就高"，文化水平与人文行为在某些个体中存在脱节的现象。

　　除上述将人文素养的内容分为人文知识、人文精神和人文行为外，人文素养三层面说的其他学者还有别的看法，其中也不乏相似之处。例如，肖振宇认为人文素养的核心内涵是人文知识、人文精神和人际交往能力，人文知识和人文精神属于人的心理状态，只有通过个体的人际交往才能发挥作用并表现出来，因此人际交往能力是人文素养的最终表现形态。③ 毛维国则认为，多数学者同意将人文素养划分为人文知识、人文态度和人文精神三个维度，对人文知识和人文精神的理解与上述研究类似，关于人文态度毛维国认为，人文态度包括关注社会发展、关注自然保护等对周遭社群伦理的关注，在他看来，人文知识是基础，人文态度是重要组成部分，人文精神则是最高境界。④ 舒惠娟将人文素养归纳为三大要

① 刘松林. 基层民警人文素养提升对策研究［D］. 北京：中国人民公安大学，2020.
② 沈涵. 基于人文素养的高中历史教学策略研究［D］. 福州：福建师范大学，2020.
③ 肖振宇，乔芳菲. 高师院校培养学生人文素养的探讨［J］. 教育探索，2012（10）：77-78.
④ 毛维国. 地方应用型本科院校学生人文素养缺失现状及对策研究［D］. 上海：华东理工大学，2012.

素：知识要素、能力要素和精神要素，亦即人文知识、人文能力和人文精神。人文能力强调的是在人文教育过程中，通过人文知识的传授、培养和发展，学生认识与处理社会关系、人际关系、物我关系的能力。[①] 杨竣羽在研究运用优秀传统文化培养中学生人文素养的实现路径时提到，中学生人文素养的主要内容包括人文知识、人文情怀以及人文行为，其中人文情怀主要指的是初中生的人文情感，最主要的是包容、理解和体谅。[②]

（三）多层面说

仍有学者认为人文素养包含的内容不止三个方面，也有不少学者认为人文素养包含四个方面的内容，例如马世娜认为人文素养包含四个方面，即：人文知识、人文方法、人文思想和人文精神，其中人文知识、人文方法、人文思想是基础，人文精神则是人文素养的核心。王畅结合中学生的实际，认为中学生的人文素养应主要包括四个方面：人文知识、人文情感、人文精神和人文行为。其中，人文情感又称人文情怀，就是一个人应怎么样践行人文关怀、承担社会责任等，中学生人文情感的主要内容包括宽容和理解两个方面。[③] 冯菁结合前人研究所述，认为人文素养大致包括四个方面：①丰富的人文知识，涵盖历史、哲学、文学、艺术、美学、宗教、人类学和科学史等广泛的文化知识；②健全的人文思想，树立人文主义价值观，理解生活的意义并实现人类自由发展的最终目标；③深刻的人文精神，具有人道主义精神，对自然和社会充满爱与宽容，追求真、善、美具有高雅的审美情趣，积极对待人与自然，感受并运用崇高的审美爱好并珍惜事物；④正确的人文行为，强调道德教育，加强内省，远离世俗功利主义，承认并尊重文化多样性，结合本土文化进行创新，理性吸收学习外国文化，承担社会责任，通过认识和实践社会主义的基本价值观来促进社会公平和正义。[④]

还有许多学者认为人文素养包含四个以上的内容，例如郝佳和王娜都认为在

---

① 舒惠娟. 中职语文教学中学生人文素养的培养［D］. 杭州：浙江工业大学，2016.
② 杨竣羽. 传统文化资源培养中学生人文素养的实现路径研究［D］. 呼和浩特：内蒙古师范大学，2020.
③ 王畅.“经典诵读”在提升高中生人文素养中的价值追问与反思［D］. 长沙：湖南师范大学，2015.
④ 冯菁. 中等职业学校学生人文素养现状调查及对策研究［D］. 南昌：江西农业大学，2020.

我国的研究中，人文素养通常包括五个方面的内容：一是具有人文知识，二是理解人文思想，三是具备人文方法，四是内在人文精神，五是实践人文行为。[1][2] 徐朝阳认为，人文素养包括这几个方面：人文知识、人文情怀、人文精神、人文情感、人文信念、人文关怀等。人文知识是静态文化的表征，是形成人文素养必不可少的基础和前提。人文情怀是动态文化的表征，多指人的人文活动或人文表现。所谓浓厚的人文情怀，就是指具有高境界的人文精神、丰富的人文情感、坚定的人文信念和普遍的人文关怀。高境界的人文精神，包括满怀爱心的人道主义精神、求真务实的科学精神和反思批判的哲学精神，能够使人懂得尊重人、关心人，勇于追求真理，善于思考人生的意义和价值；丰富的人文情感，包括深度的人文理解以及良好的人文心理，使人能够正确地认识自己，包容他人，合理地处理人生的得与失、利与弊、顺境与逆境的关系；坚定的人文信念，包括高尚的人文理想和坚定的人文态度，能够使人明确做人的目标和存在的价值；普遍的人文关怀能够使人不仅关心自己而且还要关爱自然、社会和他人，能够做到公平正义，勇于担当责任。不难看出，人文素养代表了人的内在素质和文化涵养，是人的情感、意志、审美、个性气质、价值取向、行为习惯等品质的重要表征。在他看来，良好的人文素养大致包括以下八个方面：①深谙人文主义的价值，关切人的命运，尊重人格，维护尊严，理解人生的意义，致力于实现人的发展、自由与幸福；②深谙人文主义的价值，关切人的命运，尊重人格，维护尊严，理解人生的意义，致力于实现人的发展、自由与幸福；③有浓厚的人文情怀，对自然、社会和他人怀有关爱与包容之心；④理解人文精神的真谛，追求真、善、美，实现自我超越；⑤有丰富人文情感和高雅的审美情趣，乐观对待和处理自然和人事，用审美的立场去感受和欣赏事物；⑥重视德行修养，加强自我反思，超越世俗功利，做到"以和为贵"；⑦尊重和理解文化的多样性，既要批判性地继承优秀传统历史文化，还要创新本土文化以及吸收、借鉴异域文化中合理成分；⑧承担社会责任，认同和践行社会的核心价值，弘扬正气，倡导社会公

---

① 郝佳. 高师院校师范生人文素养现状研究［D］. 沈阳：沈阳师范大学，2013.
② 王娜. 河北省高校体育教育专业学生人文素养的研究［D］. 石家庄：河北师范大学，2016.

平与正义。①

三、人文素养的重要性和必要性研究

自学者们对"人文素养"开展研究以来，不仅针对人文素养的内涵展开了研究，还有研究者从不同对象提升人文素养的重要意义，以及在不同学科教学当中培养学生人文素养的必要性等角度出发，对人文素养的重要性进行了相关论述。

（一）不同对象提升人文素养的重要性

提升人文素养是新时代背景下的一个不容忽视的问题，无论对谁来说，提升自身的人文素养都是对自己十分有益的事情，关于人文素养提升对于不同人的重要意义，有许多研究者提出了自己的见解。

1. 教师提升人文素养的重要性

作为对学生、对国家教育事业影响最为深远的教师，这一类人群的人文素养提升具有重要的现实和教育意义，众多学者们也纷纷开展了教师提升人文素养的必要性研究。例如，郝焕香论述了当今信息技术时代提升英语教师人文素养的重要意义，提出"提升英语教师素养是修身养性和深化外语教学改革的长期任务"的观念。② 首先，提升英语教师的人文素养是为了抵挡经济全球化和市场化带来的挑战，尤其是英语教育处于异域异国特定的文化背景下，更加需要学校教育能够以开放的心态和眼光尊重、借鉴他国文化，又能够在他国经济和外来文化的影响下，继续继承和创新我国本民族文化；同时教师具备较高的人文素养可以对学生起到良好的榜样示范作用，教师自身深厚的人文素养一定程度上能帮助学生抵制媒体文化的负面影响。其次，提升英语教师的人文素养也是推动教师专业化发展的一种手段。教师专业发展的内容不仅包括专业知识和专业能力，重要的还有专业理念，即高尚的师德和丰厚的人文底蕴，都是教师必不可少的素养，而人文

---

① 徐朝阳. 当前中学生人文素养缺失问题分析及对策研究 ［D］. 武汉：华中师范大学，2014.
② 郝焕香. 当代中小学英语教师人文素养研究 ［D］. 上海：华东师范大学，2009.

素养为教师追求专业发展提供了动力，具有丰厚人文素养的教师会把发展和实现生命的意义作为自己生存的目的和终身目标。因此，提升人文素养是教师专业化发展的基本要求，对其成长为优秀教师起着重要的作用。

刘容序就新课程背景下提升思想政治课教师人文素养的必要性展开论述，提出只有具备良好人文素养的思想政治课教师才可以出色地完成教学任务、受到学生的欢迎，顺利发挥思想政治课的人文教育功能。[①] 首先，提升思想政治课教师的人文素养是践行新课程理念的必然要求。"以人为本"的新课程理念要求教师在教学中始终要关注学生的主体地位，把情感态度价值观的目标摆在突出位置，这就需要教师具备较高的人文素养。其次，提升思想政治课教师的人文素养是促进教师专业发展的内在需要。思想政治课教师在提升人文素养的过程中，自身的知识结构得以优化，因此不仅会挖掘课程的教育价值和教材上更多的知识内容传递给学生，还能够挖掘教材背后潜在的知识，通过人文素养的提升来提高教育能力和应变能力、丰富自己的情感等，最终促进自身的专业发展。再次，提升思想政治课教师的人文素养是实现高效课堂的客观要求。高效的思想政治课堂要能帮助学生树立正确的三观，为此要求思想政治课教师不断致力于提升自己的人文素养，拥有较强的感染力和说服力，便能很轻松地在课堂当中调动起学生的情绪和学习兴趣，善于与学生交流，激发学生积极参与课堂教学。最后，提升思想政治课教师的人文素养是提升学生人文素养的现实需要。教育的最终目的是培养全面发展的学生，教师在传授知识的同时还必须担负起培养学生人文素养的责任，而在思想政治课中呼唤人文精神的回归、培养学生的人文素养很大程度上依赖于任课教师，因此作为施教者，教师必须注重提升自身的人文素养。[②]

姚尧分别从教师角度、学生角度、教育角度和国家角度等四个角度出发，对语文教师的人文素养进行了价值解析。在她看来，语文课程在继承和弘扬中华民族优秀传统文化、增强学生的民族文化认同感等方面具有不可替代的优势，而语文教师作为完成这一神圣使命的第一责任人，他们的人文素养价值显而易见。从

① 刘容序. 新课程背景下思想政治课教师人文素养的发展策略研究［D］. 大连：辽宁师范大学，2014.
② 郝焕香. 当代中小学英语教师人文素养研究［D］. 上海：华东师范大学，2009.

教师角度来看，人文素养是其自身成长与发展的需要，是语文教师教书育人的职业需要和走向卓越的个人需要；从学生角度来看，人文素养是学生成长与成才的需要，是其道德品质培养的需要和情感个性形成、未来成才发展的需要；从教育角度来看，人文素养是教育事业健康发展的需要，人文教育是教育事业的本质和推动教育事业和谐发展的动力；从国家角度来看，人文素养是民族振兴与国家富强的需要，实现中华民族的伟大复兴以及建设中国特色社会主义强国都离不开文化的强盛和精神的强大。①

赖足霞从课程改革、学生和教师的角度就提升中学化学教师人文素养的重要性展开了论述，提升教师的人文素养能够：①促进新课程改革的发展。教师作为新课程改革的主体，担任着培养全面发展的学生的重大责任，所以教师素养的全面性将影响着学生全面性发展的进程，进而影响着新课程改革的发展。②促进学生健全人格的完善。学生的健全、完善人格极有可能形成于学习交往中，在此过程中教师的主导和引导起着很大作用，而教师能否在其教育教学活动中完善学生的人格很大程度上依赖于教师本身的人文素养水平。③促进教师专业化的发展。在新时代和教育事业发展背景下，教师专业化不仅仅是学科专业的发展，而应是全方位、多方面的发展，而全方位的发展自然离不开教师人文素养的提升。②

涂淑萍提出中职学校培养的学生不仅仅要有熟练的技术素养，而且要有一定的文化素养，因此，中职教师在培养学生时首先应使自己具备熟练的专业知识和人文素养。在她看来，培养中职教师的人文素养具有重要意义，具体表现为：①中职教师人文素养的培养是素质教育得以实现的重要条件。中职教育应以培养高素质的劳动者为己任，真正把人文素养的教育渗透到对学生的教育中去，而教师自身人文素养的提高是人文教育的关键所在。②中职教师人文素养的培养是时代赋予素质教育的新任务。时代赋予教育新的要求，作为与生产力联系密切的中职教育，不仅要培养熟练的技术型人才，更要培养具有人文素养的高素质人才。③中职教师人文素养的培养有利于提高教师课堂的教学质量。具备丰富人文素养

① 姚尧 . 语文教师的人文素养研究［D］. 延安：延安大学，2017.
② 赖足霞 . 中学化学教师人文素养量表的编制与初步应用［D］. 长沙：湖南师范大学，2016.

的教师可以将人文知识、人文精神和人文方法内化成自身的修养和学识，使课堂对学生来说充满吸引力，从而真正提高课堂教学的质量。④中职教师人文素养的培养有利于提高中职学生的综合素质。学生的综合素质的提高关键在教师，教师具有较高的人文素养既有利于中职学生树立正确的人生观和价值观，又有利于提高中职学生的文化素质和文明素质，还有利于提高中职学生的心理素质。①

2. 其他职业人员提升人文素养的重要性

郝佳论述了提升人文素养对师范生的重要性，在她看来，人文素养是师范生综合素质全面发展的需要。师范生现在是高等教育的大学生，未来则是教书育人的教师，师范生在学校接受的专业教育从某种程度上来说是未来教师的一种职前培训，因此，师范生在高师院校专业学习期间有必要提高自身的人文素养水平，并且能够在未来的教育工作中自觉发挥这种意识。②

刘松林从微观、中观、宏观的角度上分别论述了基层民警人文素养提升的重要意义。从微观层面来说，提升人文素养能够促进民警个人全面发展，一是人文精神的养成能让民警拥有人文创新思维和情感捕捉能力，增强民警们的人格魅力；二是能够让民警树立正确的价值观念，正确认知生命、生活的意义，不至于让世俗化、功利化的追求迷失人性；三是能让基层民警学会正确认识和对待挫折，学会合理的控制情绪，积极寻求解决困难的方法，在挫折中变得更加坚强和勇毅。从中观层面来说，提升人文素养能够提升基层民警执法效果，一方面可以改造民警的内心精神世界，让文明执法成为一种常态；另一方面民警人文知识面的拓展能让其更好、更优地在执法时判断决策，同时也会促成其自信力的强大。从宏观层面来说，提升基层民警人文素养能够推动公安治理能力现代化，一方面人文素养的提升能提高基层民警的群众沟通能力，时刻将人民群众的根本利益放在心上；另一方面基层民警人文行为的践行又为树立良好警察形象、提高警察公信力起到了很大的作用。③

① 涂淑萍. 中职教师人文素养的培养研究 [D]. 福州：福建师范大学，2014.
② 郝佳. 高师院校师范生人文素养现状研究 [D]. 沈阳：沈阳师范大学，2013.
③ 刘松林. 基层民警人文素养提升对策研究 [D]. 北京：中国人民公安大学，2020.

李佳颖认为人文素养是一种无形的医疗资源，可以使医院在激烈的市场经济竞争中得到稳固的、可持续的发展，故而提升医务人员的人文素养十分之必要：①提升医务人员的人文素养是对教育体制缺乏的必然补充。人文素质教育在2003年时被指出成为中国教育的最大缺陷，医务人员的人文素养在先天不足的情况下，针对后天的弥补已是刻不容缓的紧迫任务。②提升医务人员的人文素养是现代医学事业发展的必然趋势。随着科学的进步，医疗行业大力发展，先进仪器设备的引进使医务工作者容易忽略病人的心理活动，因此就需要医务人员从心理、社会、人文等诸多学科来学习，使人文素养和知识结构达到和谐统一。③提升医务人员的人文素养是医院参与竞争力的人才基础。医务人员的发展，除了技术需要不断地更新进步，更需要人文素养的提高，大力提高医务人员的人文素养一是可以建立良好的医患关系，二是在职工内部可以建立一个协作统一的团体。④提升医务人员的人文素养是贯彻科学发展观的有效落实。医务人员思想道德素质、科学文化素质等人文素养的提高有利于其以患者为中心，从患者的需要作为工作的出发点和落脚点，全面满足患者的各种需求。做好社会与医学发展的协调工作，从而推动医疗卫生事业有序、可持续发展。①

提升人文素养对于学生来说也是一件不容忽视的事情，人文素养对学生的全面发展有着不可替代的重要作用，在众多关于学生提升人文素养的重要性研究中，比较特别的是刘梦媛和王琳分别对加强理工类院校本科生和研究生人文素养培养的重要性进行了论述。刘梦媛认为加强人文素养一是有利于理工类院校本科生树立正确的价值观，只有通过开展人文教育，理工科人才才能具备完整丰富的人文科学知识和人文素养，形成正确的价值取向；二是有利于理工类院校本科生的全面发展，能够促进他们具备较全面的知识体系，且其知识、能力和态度等方面都能全面健康地发展；三是有利于完成立德树人的教育使命，人文教育不仅能充实学生的人文知识，还能相应提升他们的形象思维和创新思维，最终有利于完成当代理工科教育使命；四是有利于现代社会的可持续发展，加强理工类院校本科生人文素养的培养，势必会造就一批具有反思和批判能力且兼备人文素养的

---

① 李佳颖. 新疆地区医务人员人文素养现状及对策研究［D］. 乌鲁木齐：新疆医科大学，2013.

人，形成一股合力，消除"市场经济"的负面影响，进而推动全社会人文素养的提升；五是有利于顺应教育发展的国际趋势，加强理工类院校本科生的人文素养能使学生具备世界眼光和全球视野，也可以使我国高等教育朝着国际化方向发展。① 王琳认为加强理工科研究生人文素养培育具有以下几点重要性：一是中国特色社会主义建设事业的需要。中国特色社会主义进入新时代，需要学生们既具备扎实专业知识，又具有深厚文化素养，而加强理工科研究生的人文素养培育有利于全面贯彻党的教育方针和更好地培养时代新人。二是高校完善人才培养体系的需要。新时代高校人才培养的目标不仅是要培养知识型人才，还应该培养具有创新精神的创新型人才和具有全球视野的国际型人才。三是理工科研究生全面发展的需要。新时代人才培养的目标是培养具备人文素养和科学素养的综合素质较高的创新型人才，加强理工科研究生人文素养培育，有利于培养理工科研究生健全的人格，并实现他们的全面协调发展。②

（二）不同学科中培养人文素养的必要性

在英语、地理、政治及历史等不同学科教学当中，均有学者对培养学生人文素养的重要性以及各学科培养学生人文素养的必要性进行了论述，也提出了不同的看法。

在英语学科教学中，高研提出高中英语教育中人文素养的培养尤为必要，具体包括以下几点原因：①社会和时代发展的需要。人文素养不仅影响个人的发展，而且关系到社会的文明进步、民族国家的兴衰存亡，在英语教学中培养人文素养，可以使英语教学培养出更多的全面发展创新型人才，推动人类社会的进步和发展。②英语课程自身的特点。语是具有综合性特点的人文学科，且与其他学科有一定的交融，具备多方面的人文价值，要想充分发挥英语教育的价值，就必定要充分释放英语课程中蕴涵的人文精神。③新一轮课程改革的需要。教育改革与发展的中心目标要求全面推进素质教育，注重培养和提高学生的人文精神，不断健全和完善学生人格。④现代人精神生活的匮乏。科技的进步和物质的发展使

---

① 刘梦媛. 加强理工类院校本科生人文素养的研究［D］. 大庆：东北石油大学，2019.
② 王琳. 昆明：昆明理工大学理工科研究生人文素养培育研究［D］. 昆明：昆明理工大学，2019.

人们容易忽视人文传统的继承发扬及精神层面的需求，学校教育也存在物质化、世俗化和功利化等问题，对于处在发展过程中的学生，势必要加强对他们人文素养的培养。⑤高中生的身心发展的特点。青春期的高中生正处于人生的成长关键期，生理和心理特点表现出很强的不稳定性，情绪多变、情感表达内隐、自我评价不够客观、自尊心敏感等问题都体现了对高中生进行人文素养培养的紧迫感。① 王洋也提到了人文素养培养的必要性，不仅因为人文素养培养符合高中英语新课程标准的要求，且符合高考英语实际考察的要求，还因为人文素养的培养有利于个人终身发展，使学生形成正确的价值观，引导他们走向更积极的人生。②

在地理学科教学中，何爽论述了地理教育中培养人文素养的必要性，一是社会发展的需要，科学和技术的迅速发展使人们忽视了人文素养的培养，地理教育需要发挥其特有的优势为提高学生的人文素养做出贡献，才有利于实现社会可持续发展；二是学生发展的需要，高中生正处于价值观形成和塑造的关键时期，在地理教育中培养人文素养能够促进学生全面发展，完善学生人格；三是基础教育地理课程改革的需要，2003 年颁布的《普通高中地理课程标准》着重强调了要让学生认识到人类活动和地理环境的关系，关注人类发展，时刻记住可持续发展的理念等等，都体现出在地理教育中培养人文素养的趋势。③

在政治学科教学中，翟燚就思想政治课教学中提升学生人文素养的必要性展开论述，他认为培养学生人文素养一是践行新课程理念的必然要求，思想政治课新课程改革贯彻基础教育提出了"为了中华民族的复兴，为了每位学生的发展"的理念，就要求关爱学生，对其进行人文素养的培养；二是推进现代课程改革的现实需求，思想政治课是学生人文素养提升的主要阵地；三是实现思想政治课教学目标的内在要求，本课程自身具有独特的德育功能和人文性特征，其教学目标的实现必须提升学生的人文素养；四是提升中学生人文素养的客观要求，在思想政治课的教学中强调学生的人文素养可以促进学生更好地发展。陈睦婷认为在高

---

① 高研．高中英语教学中学生人文素养培养的调查研究［D］．南京：南京师范大学，2014.
② 王洋．高中英语教学中人文素养的培养现状及策略［D］．重庆：西南大学，2021.
③ 何爽．高中地理活动教学中人文素养培养研究［D］．武汉：华中师范大学，2017.

中思想政治课中培育人文素养具有重要意义：有利于丰富学生人文知识，积累厚重的人文底蕴；有利于提高学生人文能力，增强适应社会的能力；有利于提升学生人文精神，促进课程知识的内化；有利于落实学科核心素养，优化学生的素质结构。[①]

在历史学科教学中，刘燕论述了中学历史教学中提升高中生人文素养的重要性：①人文素养教育是时代发展对优秀人才的要求。时代虽然在进步，但人类的价值观念和道德水平却有下滑趋势，社会的发展和国家的进步需要国民素养的提升。②人文素养教育关系学生的全面发展。高中学生人文素养教育的落实是对学生健康成长的负责，对于学生的全面发展起着至关重要的作用。③人文素养教育是中学历史教学的基本目标。历史课程标准要求引导学生学会自主学习、促进学生的人格健全发展，全面提高学生的人文素养。[②] 沈涵提出高中历史教学培养学生的人文素养具有现实意义，一是能有效推动素质教育的进一步实现，在提高学生学习兴趣的同时实现自身素质的全面发展；二是可以让学生获得正确的审美意识与眼光，从而加深对和谐社会的理解；三是能提高学生的公民素质，历史学科肩负着提升公民责任感、提升公民素质、健全人格甚至中华民族的伟大复兴等重任。[③]

第二节　人文素养现状研究综述

自从学者们开始研究人文素养后，便有越来越多的人从不同方面、不同角度以及不同对象出发，对人文素养进行了各种研究，其中不乏许多对人文素养现状进行的研究。在梳理了大量关于人文素养研究的文献和资料后，从不同的研究对象入手对人文素养现状研究进行综述。在众多研究中，针对学生的人文素养研究较多，包括不同学科教学中的学生人文素养培养现状，以及不同学段如小学、中

① 陈睦婷．高中思想政治课人文素养培育研究［D］．上海：上海师范大学，2019.
② 刘燕．新课改背景下中学历史人文素养教育的现状与反思［D］．开封：河南大学，2014.
③ 沈涵．基于人文素养的高中历史教学策略研究［D］．福州：福建师范大学，2020.

学及大学阶段学生的人文素养现状，也有许多关于教师人文素养现状的研究，还有基层警察、医生等其他职业人员的人文素养现状研究。

一、学生的人文素养及培养现状

研究者们以不同年龄阶段以及不同学科教学角度入手，对不同学生的人文素养及培养现状进行了调查和分析，具体研究结果如下。

（一）不同学科教学中学生的人文素养及培养现状

在语文、英语、地理、政治以及物理、历史等等不同学科教学当中，均有学者对学生的人文素养现状进行了研究，同时对在不同学科教学下对学生人文素养的培养也进行了相应的调查和分析。

在语文学科教学中，舒惠娟调查了中职语文教学中学生与教师的人文素养现状，结果发现中职学生语文人文素养的现状不容乐观，学生的人文素养存在语文基础知识薄弱、语言运用能力包括口语表达能力和写作能力低下、语文自主学习的意识不强、自我价值感低、人格不健全等问题。[①] 孙雪梅分析了高中古诗文教学中人文素养培养现状，发现现有高中古诗文教学中人文素养培养存在以下问题：①对人文素养理解的狭隘化：以学科作为本位的当下高中语文教学，某种程度上丧失了对人文精神的整体关怀，就算是在以学科为本位转向以人文精神为中心的教学中，对"人文"的理解也非常的片面和狭隘；②人文素养培养实践存有误区：教育过程的统一导致学生缺乏独立精神和自由思想，过于注重教育的长度从而忽视了教育的深度，过于注重人文素养的培养导致产生错误的价值取向；③人文素养培养策略的缺失：在古诗文教学中重内容轻形式，教学方法过于死板教条，很难真正提升学生的人文素养。[②] 徐小凤调查了高中语文小说教学中学生的人文素养培养现状，根据问卷分析，得出了高中生人文素养缺失的不足之处主要表现在以下几个方面：①忽略自身人文素养的培养：受高考制度的影响，学生阅读小说的主要目的是应对高考，提升阅读能力和学习成绩；②对人文素养的了

---

① 舒惠娟. 中职语文教学中学生人文素养的培养［D］. 杭州：浙江工业大学，2016.
② 孙雪梅. 高中古诗文教学中学生人文素养培养研究［D］. 成都：四川师范大学，2015.

解不够：大部分的学生认为小说对于人文素养的培养作用一般，甚至有学生认为小说对于人文素养的培养没有什么作用，学生对于人文素养的内涵并不是十分的清楚，甚至还有学生根本不了解人文素养；③产生厌学情绪：虽然高中生能够认识到人文素养的重要性，但他们将人文教育等同于小说教学，甚至认为人文素养的培养方式仅仅只是通过教师的教授，而教师教学过程枯燥无味而且教学方法单一，导致他们的厌学情绪高涨。④精神世界单一：教师教学的枯燥乏味与学生重成绩轻素养，使得学生的精神世界逐渐趋向单一化；⑤理想更加功利化：大部分学生不清楚自己的理想，一部分学生的理想是多赚钱，学生的思想已经越来越浮躁，越来越趋于功利化。①

在英语学科教学中，高研调查了高中英语教学中学生的人文素养现状，经调查发现，英语学科教学中的高中生人文素养呈现以下特征：①人文知识方面，大部分学生对于英语语言背后的文化知识非常欠缺，对许多问题只了解到很肤浅的程度，学生在政治、经济、历史、哲学、文学和艺术等方面的知识极度贫乏；②人文态度方面，学生对人文素养的涵义和重要意义认识不够清晰，对高中阶段学习的目的认识仅限于考上一所好的大学，都是为高考而学，未来的人生理想和目标够明确；③人文行为方面，学生课外活动尤其是社会实践经验比较欠缺，活动空间大多只限于学校和家庭之间，都处于只关注学习成绩不关注国家大事或其他无关于自己的事情的状态。关于英语课堂对学生的人文素养培养现状则体现在这样几个方面：①校园及英语课堂的人文环境有待提升，学生对于自己所处的校园和课堂环境不是很满意，需要进一步提高和完善；②教师人文素养偏低，许多英语教师的思想观念还停留在应试教育阶段；③教材中的人文内涵比较丰富，但这些丰富的内容没能被教师很好地挖掘并正确地加以利用；④教师使用的英语教学方法和手段传统单一，学生没能够掌握正确的学习方法和养成良好的学习习惯；⑤教师对学生英语学习的评价方式单一，未能做到用多元化的评价标准来对待学生；⑥欠缺课外活动的人文渲染，老师很少能主动关注学生的情感需要，及

---

① 徐小凤．新课标背景下高中小说教学的人文素养培养研究［D］．厦门：集美大学，2020.

时疏通学生的心理障碍。① 王洋作为一线教师，对高中英语教学中学生人文素养培养现状进行了调查和研究，结果发现虽然人文素养的培养在英语教学中很重要，但其缺失现象是却普遍存在的，不仅是学生人文素养的缺失，还有教师自身人文素养不足。学生人文素养的缺失主要表现在缺乏基本常识、不关注社会热点、缺少丰富的知识储备和见识、共情力低等方面，在王洋看来，这些都是学生内在品质的缺失，对其英语学习也会有与一定的影响。②

在地理学科教学中，何爽调查了高中地理教学中活动教学和学生人文素养培养的现状，发现学生人文素养现状如下：①人文知识方面，学生对于人文知识方面的掌握情况较好，对于人文地理知识的掌握情况普遍要好于自然地理知识；②人文能力方面，学生与他人合作的意识并不强烈，合作能力有待提升，创新能力更是缺乏；③人文精神方面，学生对于地理基础知识的认识仅限于知识层面，无法深入到精神、意识层而，更谈不上落实到行为层面上来。对于国家意识而言，尽管学生的心灵深处都是爱国的，但是对于国家的时事政治、国际事务的关注度却并不足够，学生的爱国热情还需进一步的激发。③

在政治学科教学中，崔燚对高中思想政治课教学过程中学生人文素养的培养方面存在的问题及原因进行分析，在他看来，大多数学生的人文素养并没有在教学中得到提升的主要原因就是思想政治课教学中的路径方面存在问题，具体体现为：①忽略人文内容的培养，在教师教育观念的落后和应试教学理念的影响下，思想政治课程重智力轻德育而忽视学生人文知识的培养，重结果轻过程而削弱学生人文能力的提升，割裂教书与育人而淡化学生人文精神的培育；②削弱人文能力的提升，大都思想政治课教师采用传统的课堂教学，极大地降低了学生的学习兴趣，教学方式的刻板削弱了学生的人文意识体验，教学过程的单调抑制了学生的人文思想体验，教学环境的枯燥导致学生缺乏人文情感；③阻碍学生的全面发展，在教学中确立学生的主体地位有利于学生的全面发展，但高中思想政治课上

---

① 高研．高中英语教学中学生人文素养培养的调查研究［D］．南京；南京师范大学，2014.
② 王洋．高中英语教学中人文素养的培养现状及策略［D］．重庆：西南大学，2021.
③ 何爽．高中地理活动教学中人文素养培养研究［D］．武汉：华中师范大学，2017.

问题意识淡薄、创新思维缺乏以及合作意识欠缺，导致学生只能被动接受，不能主动去思考和学习，课堂当中也缺少有效的互动。顾文磊对苏州市小学生人文素养学习的现状进行调查，深入了解了小学生学习思想品德课人文素养的目的、态度、希望、看法和建议等，结果发现大部分的学生都喜欢学人文素养，而且对人文素养非常感兴趣，也有着比较好的学习方法，每天都学习各种技能。同时他们对现在的教学方法也有一定的想法，他们喜欢自主学习和生动活泼、师生互动交流的课堂，所以他们希望老师能改进教学方式方法。① 闫宏荣对大连市某中学的高一、高二年级进行了相关调查，通过对调查结果的整理总结出思想政治课教学中学生人文素养的现状并加以分析，结果发现思想政治课教学中学生人文素养存在以下不足：①人文知识掌握欠佳，尤其是针对理科生以考试为目的的政治课教学，更加忽略了在教学过程中对学生人文知识的传授，再加上学生本身对于人文知识的关注不足，导致大多学生对政治方面的知识严重缺乏；②人文能力锻炼受限，思想政治课上传统的讲授法使得理论和现实相脱离，学生参与实践活动的机会更是少之又少，书本知识和实践经验难以真正地结合在一起；③人文精神提升较慢，很多教师或是学生把上课作为一种应付考试的手段，受到这种观念的影响，教师只注重知识传授却不注重精神提升，忽略学生的情感体验，不注重情感升华，这样的教育方式根本不利于高中生良好世界观、人生观、价值观的形成。② 陈睦婷也对高中思想政治课中学生人文素养培育现状进行了分析和总结，具体存在以下问题：①忽视学生主体地位，不仅因为教师的教学理念滞后，再加上在学生心中思想政治课是一门需要靠记忆力才能学好的课程，本应该是对培养学生人文素养有重大意义的人文科目，却没有发挥出其应有的价值，培养出来的学生虽然有一定的人文知识积累，但却缺乏最基本创新与实践能力，不会思考、不敢质疑；②制约学生个性发展，教师单纯地对学生进行知识灌输和理论讲授，教学方法单一，思想政治课的内核无法真正深入学生的内心世界、启迪学生的心灵，致使学生自主意识被漠视，思考能力被阻碍，不利于学生人文素养的创新能

---

① 顾文磊. 思品课中小学生人文素养培养研究［D］. 苏州：苏州大学，2016.
② 闫宏荣. 思想政治课教学中学生人文素养的现状及培养对策研究［D］. 大连：辽宁师范大学，2018.

力和探索精神的发展；③教学资源不足，内容滞后时代变化，部分政治教师完全依赖于教材，没有对教材进行深入的挖掘和探索，降低了学生的学习兴趣，失去思想政治课程的实用性，不利于实现课程的基本目标，更不利于培养学生的人文素养；④教学评价片面，缺少人文指标评价，当前思想政治课教学评价存在评价主体只关注学生而忽视对教师教学的评价、评价内容只关注学生的成绩而忽视道德情感的培育、评价方法单一等问题，都是阻碍学生人文素养提升的原因所在。[①]

在物理学科教学中，常爱江对其所在的淄博市淄川第一中学高中物理的人文素养教学渗透情况进行了调查研究，刘彬彬调查了初中物理教学中学生人文素养的培养状况，结果都发现无论是在初中物理还是高中物理学科下，总的来说，学生的人文素养普遍较低，具体呈现以下特征：①对物理学史知识了解得非常少，物理学科的人文知识较为欠缺；②对物理这门学科比较感兴趣，物理学科的人文情感较高；③学生的人文素养不太高，对理想，未来的规划不明确。[②]

在历史学科教学中，刘燕对高中历史课人文素养教育的现状进行了研究，发现高中生人文素养严重缺失，具体表现为：缺乏感恩之心，个人主义严重；缺乏团体合作意识，集体观念淡薄；责任意识淡漠，不关心社会和他人；人文知识严重欠缺，知其然不知其所以然。同时刘燕发现历史教学实践中严重忽视了对学生人文素养的培养，主要问题集中在以下几个方面：①历史教学以高考为导向，以追求上线率为最终目的；②历史课堂脱离社会现实，无法实现其社会功能；③文理分科越来越早，历史变成不受重视的辅科；④历史课堂上的人文素养教育无系统的计划和目标，支离破碎；⑤历史教师自身人文素养不高，难以起到榜样作用。[③] 沈涵调查了福州市的高中生人文素养现状及其所存在的问题，以及在历史教学课堂中教师对学生人文素养的培养现状，结果发现高中生的人文素养存在以下问题：①人文知识方面，部分同学了解一些基本的人文常识，但学生对一些十分基础的问题了解程度却差强人意，对于相关历史类、哲学类、艺术类等人文知

① 陈睦婷．高中思想政治课人文素养培育研究［D］．上海：上海师范大学，2019．
② 常爱江．高中物理教学中渗透人文精神的研究与实践［D］．济南：山东师范大学，2013．
③ 刘燕．新课改背景下中学历史人文素养教育的现状与反思［D］．开封：河南大学，2014．

识的掌握水平仅限于肤浅了解的程度；②人文态度方面，学生对于"人文"含义以及理解的框架相对比较明确，大部分都能够意识到"人文"具有较为深刻的涵义及其对历史教学中培养人文素养的重要性，具体到历史学科的学习中，他们也能够意识到历史学习对个人成长与发展的价值，但是，由于功利的考试环境因素，导致落实在具体的学习中时，人文素养的渗透仅仅成了形式化的过程，以至于到学生人文精神的具体外化这一环节时，水平明显较低；③人文行为方面，学生关注国际时事、参与实践活动的经验比较缺乏，落实实践程度普遍较低。此外，历史学科教学中对学生人文素养的培养也有校园人文环境有待改善、历史教师的人文素养有待提高、历史教学的方法与评价手段有待改进等问题。[①]

总体来说，无论是在语文、英语或者是地理、政治、历史等等其他任何学科教学中，学生的人文素养都是处于较为缺乏的状态，对学生人文素养的培养也或多或少的存在一些问题，因此，研究新时代学生的人文素养现状，力求提高学生的人文素养水平显得十分必要。

（二）不同学段下的学生人文素养及培养现状

综合现有的人文素养研究发现，小学阶段对小学生人文素养现状的研究较少，对于小学阶段学生的人文素养更多的研究是关于如何提升、如何促进小学生的人文素养发展。例如，孙丽萍立足小学低年级品德与社会学科，探索对小学阶段学生进行人文素养培养的有效方法和措施，论述了小学低年级品德与社会学科中人文素养培养的特点和内容，并提出了人文素养培养的方法和策略，主要包括掌握人文知识的方法和策略、丰富人文情感的方法和策略以及形成人文态度的方法和策略；柳万一对苏州市姑苏区小学音乐鉴赏课做了全面的调查分析，通过对小学音乐鉴赏课程的改革来探讨如何通过该课程来促进小学生人文素质的提升与发展；[②] 张雯雯将教育与信息技术相结合，构建促进人文素养发展的教育游戏的设计框架，与《品德与社会》中的教学内容相结合，对数字化教育游戏进行详细设计，编写教育游戏脚本，并利用恰当的游戏开发软件，完成教育游戏实例，

---

① 沈涵．基于人文素养的高中历史教学策略研究［D］．福州：福建师范大学，2020.
② 柳万一．小学音乐鉴赏课实施人文素养教育的对策与研究［D］．苏州：苏州大学，2016.

最终设计开发出促进小学生人文素养发展的教育游戏；杨帆研究在《三字经》诵读中对小学生人文素养培育，提出了提高《三字经》诵读效果的建议，致力于提高小学生的人文素养；项小燕分析了新课程改革视域下语文阅读教学小学生人文素养培养现状，发现当前我国小学新课程改革视域下语文阅读教学小学生人文素养培养过程中所出现的主要问题，具体体现为两点，教学目标过于功利化和教学方式单一化，并据此提出了培养学生人文素养的具体措施，包括：①阅读经典，加强人文阅读指导；②重视阅读教学"现代性"，培养学生人文素养；③实现资源整合，挖掘语文教材中的人文素养；④提高教师素养，增强小学人文教育实效；⑤开展延伸性阅读，提升学生核心素养。

关于中学生的人文素养及培养现状也有相关的研究，不仅包含对初中生人文素养及培养的研究，也包含以高中生为对象的研究。例如，徐朝阳调查了 142 名初中生和 146 名高中生的人文素养现状，当前中学生人文素养的现状结果如下：①人文知识方面，中学生主要通过阅读书籍来获取人文知识，选择课外读物大多是基于自己的兴趣，初中生阅读范围相对狭窄，对外国哲学、艺术等书籍的阅读明显少于高中生，高中生比初中生阅读人文书籍花费时间要少；②人文情怀方面，中学生对待人文学科的态度存在差异，初中生相对于高中生来说更喜欢人文学科，绝大部分中学生认为人文情感对自己非常重要，但是在实际中很多学生对情感的理解和情绪的调控存在不足；③人文行为方面，很多中学生认识到文明行为的重要性，但是在实际行动中的表现存在一定的偏差，中学生在实际中真正树立起文明意识，落实人文行为还有待于进一步努力。[①] 杨竣羽为了解当前初中生人文素养的养成程度，调查了呼和浩特市三所学校全部初一年级的学生，结果发现：①人文知识方面，中学生的人文知识积累的情况有了明显的改观；②人文情怀方面，学生有过度自尊和过于自我的倾向，没有养成包容别人的生活态度，功利主义也非常严重；③人文行动方面，虽然素质教育的推进使得学生的人文素质有了很大的提升，然而调查数据显示学生在人文行动的落实情况上并不是很好。通过研究发现对于初中生人文素养的培养还存在问题，主要包括以下几点：①重

---

① 徐朝阳. 当前中学生人文素养缺失问题分析及对策研究［D］. 武汉：华中师范大学，2014.

知识传授，轻人文目标的实现；②重时事素材，轻教材中传统文化资源的运用；③重成绩提升，轻人文素养养成。①

　　有学者对中职学生的人文素养及培养现状进行了研究，例如舒惠娟调查了中职语文教学中学生与教师的人文素养现状。宋丽对 227 名中职艺校学生进行了一次以人文素养现状调查，结果发现：①人文知识方面，当代中职艺校学生的人文知识不尽人意，学生的知识面较窄，对人文学科的重视程度也不够，人文知识薄弱；②人文能力方面，中职艺校学生缺乏正确的与人交往的品质和习惯，自我控制能力不强，缺乏恒心和行动不给力，人文能力不强；③人文精神方面，中职艺校学生虽然但认识到了自身或他人思想道德建设的重要性，但他们的价值观、人生观相对比较利己，缺少理想信念，缺乏进取之心和成才之志，社会责任感不强，人文精神欠缺。② 冯菁调查了中等职业学校学生人文素养现状，总结出中等职业学校学生人文素养现状中存在以下问题：①学生人文素养总体水平较低，具体表现为学习欲望不强、毅力不够、没有规划、态度不佳等等；②学生人文知识较欠缺，虽然具有一定的人文知识基础，但缺乏对广度和深度的人文知识的掌握，总体较为欠缺，对人文知识学习的兴趣较低；③学生人文思想和人文精神有待加强，虽然具有一定的人文思想和人文精神，但仍是有待加强，学生的兴趣爱好具有单一性和局限性，职业选择具有盲目性，价值观念具有功利性；④学生人文行为有待提高，良好的道德意识和行为有一定的脱节，中等职业学校学生的不良人文行为相对较多。在中职学校对学生人文素养的培育上收效甚微，也有一定的不足：①中等职业学校虽有明确的管理制度和条例规定，但在执行上达不到预期，学生的行为不够规范；②学校开设人文基础课程的数量及时间较专业课程来说偏少，学校人文课程存在种类不够丰富、形式不够新颖、内容不与时俱进等问题；③教师人文素养水平有待提高，老师教学方法不当导致学生学习兴趣缺乏，同时人文教育没有融入教师的课堂教学中，导致学生的人文素养教育达不到预期

① 杨竣羽．传统文化资源培养中学生人文素养的实现路径研究［D］．呼和浩特：内蒙古师范大学，2020.
② 宋丽．中职艺校语文教学中人文素养的培养策略［D］．苏州：苏州大学，2015.

效果。①

也有许多关于大学生人文素养及培养现状的研究。例如，毛维国通过问卷调查的方式进一步实证研究应用型本科院校大学生人文素养的现状，发现学生人文素养缺失，主要表现：①思想道德素养偏低，社会公德和诚信意识缺失；②知识结构体系失衡，部分学生对人文知识的重要性认识不够，对基本文史哲知识缺乏兴趣和了解；③社会价值观扭曲，功利性取向和个人价值取向严重；④理想责任意识较差，看重个人理想，长期和近期理想缺失。② 郝佳以某大学本科师范类专业学生为研究对象，调查了大学师范生人文素养现状，结果表明：①人文知识欠缺，对人文知识的理解有偏差，知识面狭窄；②价值观趋向功利化，将金钱、名利作为衡量成功与否的标志；③职业信念模糊，对未来从教的信念不够坚定，师范阶段的专业学习不够扎实，对自身的人文素养提升不够积极。③ 王娜调查了河北省高校体育教育专业学生的人文素养现状，结果如下：①人文知识掌握方面，学生对自我社会科学知识的认知比较清晰，但阅读较少，缺乏对知识的积累，对人文社科知识的掌握情况则较弱，对知识的广度和深度表现略显不足，视野较窄；②人文方法体现方面，从对人文素养的认知和态度来看，学生对人文素养持有基本的判断能力，但是对人文素养的重要性及必要性认识不足，从对个人和学校人文素养培养方式的了解和态度来看，学生对学校所开设的人文学科和人文课程目的认识不足，人文意识有待提高，从参与的社会实践活动来看，大多数学生都愿意参加社会实践活动，但对一些人文实践活动有所排斥；③人文行为运用方面，在道德行为规范上，学生虽然有基本的是非和善恶的判断，但面对利益时有时会做出漠视规则的不良举动，在人际交往上，学生有良好的人际交往方式和态度，教师对学生的人文行为评价较高。④ 辛晓峰调查了高等职业院校学前教育专业学生的人文素质现状，总结出学前教育专业学生人文素养现状如下：①缺乏人文精神，一方面学生忽视学习人文知识，功利主义思想严重，另一方面学生迷失

① 冯菁. 中等职业学校学生人文素养现状调查及对策研究［D］. 南昌：江西农业大学，2020.
② 毛维国. 地方应用型本科院校学生人文素养缺失现状及对策研究［D］. 上海：华东理工大学，2012.
③ 郝佳. 高师院校师范生人文素养现状研究［D］. 沈阳：沈阳师范大学，2013.
④ 王娜. 河北省高校体育教育专业学生人文素养的研究［D］. 石家庄：河北师范大学，2016.

了理想、信念和价值观，道德观念有一定的滑坡；②内在修养较差，一是学生人文基础薄弱，知识面窄，二是缺乏文明修养，基本素质较低，三是心理素质较差，不会正确处理问题。①

二、教师的人文素养现状

（一）不同教师的人文素养现状

学者们对不同学段、不同学科的所任教师人文素养现状进行了比较深入的研究，经调查发现，大多数教师的人文素养存在缺失现象，教师的人文素养水平有待进一步的提升。

崔学勤对小学教师的人文素养进行了研究，发现当前我国小学教师的人文素养仍然相当欠缺，具体表现为 综合人文知识的缺失、传统文化知识的欠缺和艺术教育的背离倾向。② 武晶晶从人文知识、人文技能、人文道德和人文态度等四个方面对小学语文教师的人文素养现状进行了比较全面的了解，具体如下：①人文知识方面，小学语文教师存在知识面较狭窄、结构欠合理，阅读类别少、时间较短以及人文知识的内化不足等问题；②人文技能方面，小学语文教师存在教学语言单一、写作缺乏新意和反思力度不足、沟通能力欠佳的问题；③人文道德方面，小学语文教师存在爱岗敬业、教书育人的理念欠缺和为人师表、合作共赢的意识较低的问题；④人文态度方面，小学语文教师存在一视同仁、积极热情的价值观尚不明确和以人为本、全面发展的人性观尚未形成的问题。③

尹文忠对张家口市 112 名初中数学教师的人文素养现状进行了调查，结果表明教师们对人文知识掌握的整体情况不够理想，尤其是对历史、法律和哲学的了解不足；人文精神和行为方面，初中数学教师教育、教学观念陈旧，部分初中数学教师并没有真正领会新课标中以人为本的教育理念，教育教学中缺乏对促进学

---

① 辛晓峰. 以儿童文学阅读培养学生人文素养实践研究 ［D］. 西北农林科技大学, 2018.
② 崔学勤. 新形势下小学教师人文素养的构建研究 ［J］. 贵州师范学院学报, 2012, 28（7）：71-74.
③ 武晶晶. 小学语文教师人文素养的调查研究 ［D］. 固原：宁夏师范学院, 2018.

生的全面发展的考量。① 周岑岑通过对万州区初中英语教师进行问卷调查和访谈发现，目前初中英语教师的人文素养现状存在不少问题，包括大部分初中英语教师对人文素养只有模糊的理解；平时主要阅读与专业相关的书籍期刊，疏于对人文知识的积累；注重加强教学能力和技巧，忽略人文素养的提升等。② 付倩倩对长沙市部分普通高中的理科教师进行人文素养的现状进行了研究，结论如下：从人文知识的维度看，理科教师的人文知识普遍需要提高；从人文思想的角度看，理科教师的人文思想观念都比较强，有正确的三观和现代化的师生观、教学观；从人文精神的角度看，很多教师关注自身多于学生；从人文方法的角度看，理科教师具有缜密的思维，严谨的逻辑，在处理教学问题和师生矛盾方面有自己独特的行为方式方法。③

黄丽研究了高校教师，对高校教师人文素养的缺失的状况和原因分别进行了分析，在她看来，当代大学教师的人文素养问题主要表现在以下方面：一是知识结构单一，人文知识稍显欠缺；二是教书育人的思想观念产生偏差；三是学术精神日益减少，学术研究价值观偏向功利性和短视性。④ 张贺程选择本科和专科院校的高校思政课教师作为研究对象，对高校思政课教师的人文素养现状进行了了解，结果发现高校思政课教师基本上都能认识到人文素养的重要意义，对提升自身人文素养也都有良好愿望，但是部分思政课教师在思想或实际工作中还是存在一些不足，如人文知识结构不合理；职业理想、团队精神和合作意识、反思意识等职业意识不清晰；以生为本的人文情怀不充足等。⑤

（二）教师人文素养缺失的原因分析

对于教师人文素养缺失的现象，学者们也开展了相应的原因分析，力求从根本处找到提升教师人文素养的方法，教师人文素养缺失的原因也从学校、社会等客观方面和教师自身主观方面分别进行了分析。

---

① 尹文忠. 初中数学教师的人文素养现状研究［D］. 济南：山东师范大学，2010.
② 周岑岑. 初中英语教师人文素养现状研究［D］. 重庆：重庆三峡学院，2018.
③ 付倩倩. 长沙市普通高中理科教师人文素养的初步研究［D］. 长沙：湖南师范大学，2015.
④ 黄丽. 大学教师人文素养探析［D］. 上海：华东师范大学，2009.
⑤ 张贺程. 高校思政课教师人文素养拓展问题研究［D］. 北京：华北电力大学，2015.

1. 客观方面

（1）社会因素

首先，现行教育管理体制存在一定的陈腐落后。想要提高教师的人文素养水平，必须对教育管理体制进行全方位的综合改革，从师范教育阶段抓起。因此，高等学校应改革招生制度，提高毕业标准和要求，着重培养大量品学兼优、适合从事教育事业的师范院校学生，从根本上确保教师优秀的综合素养，为各个学校输送高品质的教师力量。

其次，对于教育的本质和功能存在认识误区。科技的不断发展进步使得"重理轻文"风气盛行，人文学科遭受忽视，教育也越来越趋向功利化和实用化，人们在教育过程中不知不觉中轻视了育"人"的责任。

再次，传统的应试教育依然是目前教育的主流模式。在应试教育的影响下，教师和学生都备受成绩带来的压力，教师心目中的教学目标产生偏离，教师们既无心思、也无精力、更无动力去考虑所谓提升自身人文素养的问题了。

最后，国家关于人文素养教育政策有缺失。尽管我国的教育政策几经调整，不断改进，也多次提出素质教育的要求，但在具体的现实当中，对于人文素养教育的重要性和培养途径、培养方法、培养要求，始终没有一个可供操作的政策规定出台，更加具体可行的教育政策和配套制度有待提出和完善。

（2）学校因素

学校的人文环境无时无刻不在影响着生活和工作在这的人们，因此校园的环境不足也是影响教师人文素养发展的重要因素之一，主要表现为：

第一，校园文化的创设不足。一方面，校园的设计上缺少人文气息。大多数的校园设计更加注重硬件设施、建筑实体等面子工程，忽略了人文景观的布置和人文环境的建设，校园环境缺少内涵，更谈不上人文精神。另一方面，校园活动缺乏新意。校园综合实践活动的开展本意是为了丰富学生的学习和生活，熏陶师生的人文理念，但学习组织的活动却存在两种误区，一是活动繁多，学生被动参与；二是学校照搬方案，活动热闹但是意义不大。

第二，对教师评价机制存在不足。中小学对教师的评价更看重学生的成绩，高校对教师的评价也混入了很多功利因素，评价机制过于死板和单一。这些对教师考核机制中的不合理因素给教师心灵带来很大冲击，在一定程度上弱化了他们提高自身人文素养的心理需求和倾向。

第三，帮扶工作不到位，缺乏专业培训指导。多数学校没有提供给教师便利的条件，没有制定专项政策或制度指导督促教师接受新课程改革，严重忽视对教师人文素养的培养提升，落后的教育理念和教学方法的最终结果便是教师的人文素养偏低。

2. 主观方面

（1）教师缺乏提升自我的动力

虽然教师能够认识到自主发展的重要性，但这只是一种表面现象，教师在真正行动起来提升自我上却缺乏积极性和主动性，最终造成教师没有充足的动力。例如，人文素养要求教师要具有的丰富知识储备不仅包括精湛的专业知识，更要有广博的非专业知识。但多数教师认为只要掌握好自己所教科目的专业知识就足够了，忽略了非专业知识，而非专业知识正是能够取得良好教学效果的重要条件。又比如有的教师安于既得目标，教学缺乏创新，教学方法更是采取的是单一的灌输式，以应试为借口强制给学生灌输知识，缺乏对教学理念更新、教育创新意识，对教学工作也没有积极性。

（2）教师工作压力大，职业幸福感低

各个年级阶段的教师都会有不同的工作压力。例如，学生升学率、成绩、科研论文等等方面的压力，教师职业倦怠也成了常见现象，导致教师没有时间和精力关注教学以外的事情，教师工作的幸福感、热情度、满意度以及创新能力等趋于下降，职业倦怠对教师自身人文素养的提升也有很大影响。

（3）人生价值、理想的功利化倾向

由于我国目前市场经济的高速发展，整个社会的价值观和道德观开始逐渐发生变化，价值多元也顺应时代而明显起来。教师作为社会普通中的普通角色，其价值观和理想也不可避免地受功利化的影响，越来越多的教师们更加关注自身利益，而非伟大崇高的教育事业。

（4）教师自我提升能力的不足

教师人文素养自我提升的能力不够，有心无力，无从下手。比如，规划不出专门的时间学习，没有专门的培训机构进行相关研修，不知道从哪些方面做起，不知道读什么书，从何读起，如何进行深入的思考等等，最后只能无奈放弃。

三、其他职业人员的人文素养现状

有关人文素养现状的研究对象除了不同年龄阶段的学生和不同任课教师外，还有学者以警察、护士和医务人员等为研究对象进行了人文素养的现状和提升研究。例如，刘松林对基层民警人文素养的现状进行了考察，发现我国基层民警人文素养提升相关工作取得了不错的效果，但整体上还存在着很大的提升空间，表现为：人文知识有待充实丰富、人文精神有待修养提升、人文行为有待锻炼塑造几个方面。[1] 有研究者认为，护士在工作中缺乏耐心、服务态度冷漠、忽略患者的感受、不注重患者隐私保护和沟通不足都是人文素养缺乏的表现。[2] 向薇等人为了了解外科一线护士人文素养状况，对四所三甲医院一百八十名外科护士进行人文素养状况调查，结果显示外科护士人文素养处于中等水平。[3] 李佳颖以新疆五家公立医院的部分医务人员和患者为对象，对新疆地区医务人员人文素养的现有状况进行分析，发现新疆地区医务人员人文素养主要存在以下问题：重专业技能，轻人文素养培养；重物质利益，轻人文素养道德观；价值观缺乏高度统一，部分存在偏激性；部分医务人员责任感不强；对患者重缺乏相应的人文关怀等等。[4]

第三节　人文素养培养研究综述

在对人文素养的内涵和现状进行研究的基础上，研究者们的最终目的就是培

① 刘松林. 基层民警人文素养提升对策研究［D］. 北京：中国人民公安大学，2020.
② 何小莉. 护士医学人文素养强化培训模式构建与效果研究［D］. 苏州：苏州大学，2020.
③ 向薇，张平，占正寅. 三甲医院外科护士职业人文素养状况调查分析——兼论护理人文素养教育的现实进路［J］. 中国多媒体与网络教学学报（中旬刊），2020（12）：236-239.
④ 李佳颖. 新疆地区医务人员人文素养现状及对策研究［D］. 乌鲁木齐：新疆医科大学，2013.

养和提升学生、教师以及警察、护士、医务人员等所有人的人文素养水平，而针对不同对象人文素养的培养和提升策略，研究者们也有自己独到的见解和建议。

一、学生的人文素养培养研究

关于人文素养最不缺乏的就是以学生为对象的研究，对如何培养学生的人文素养学者们的研究角度各异，如研究在不同的课程教学中对学生人文素养的培养途径，或者是通过"经典诵读"、小说阅读、古诗文教学、运用传统文化等不同的教学活动来提升学生的人文素养，为国家培养人才，提高国家的综合实力。关于学生的人文素养培养研究具体结果如下：

（一）在不同课程中的培养研究

1. 语文课程中的培养研究

在语文课程教学中，丁洁在了解中学语文教学中学生人文素养的现状及存在的问题后，提出了加强人文素养的培养的具体策略：①树立新的语文教学理念，不断提升中学生的文化素养和语文素质，更新语文教学规律；②语文教师应不断提升自己的素养和魅力，成为专家型的教育工作者；③将各个学科有效整合在一起，充分利用现代化教育技术等各种教育资源；④创新教学方式，在课堂上形成良好的人文氛围并贯穿课堂教学的每个环节；⑤营造和谐、宽松、民主、友爱的语文教学环境和氛围；⑥准确把握和利用教材，深刻挖掘教材当中所蕴含的人文思想；⑦有效运用语文教学的审美功能，深化人文精神。[①]

郑颖在分析当前小学高年级学生语文人文素养缺失原因的基础上，提出了语文教学在小学高年级中的培养策略，主要包括：①树立和更新语文教学理念。首先，语文素质是文化素质的基础，因此必须注重小学高年级学生的课外阅读；其次，教育应符合现代发展规律，摒弃应试教育及其评价模式，对语文课程的评价应该更注重多元评价和过程性评价；最后，拓展语文教学环境，充分运用各种可以加以利用的语文资源，培养学生的语言感觉，提高学生的听说体验。②加强语

[①] 丁洁. 中学语文教学中人文素养的培养研究［D］. 长春：东北师范大学，2013.

文教师自身的人文素养。一是加强教师的文化知识，包括扎实的教育理论基础和其他如历史、哲学、美学等方面的知识；二是提升教师的人格魅力，通过高尚的品格让学生信服，从而提高育人质量与效率；三是注意自己的言行举止，教师的语言要准确规范、逻辑性强，行为要保持言行一致、大方得体。③灵活运用教学方法，创新教学方式。一方面在语文教学中交叉、结合使用多种教学方法，另一方面探求语文教材资源中蕴含的人文意蕴，并将其巧妙地与课程融入在一起。④构建涵养学生人文成长的校园文化。不仅是丰富多彩的校园文化，还有班级文化，在校园文化的引领下，班级文化与学校文化交相辉映。⑤注重教学内容与本土人文资源的科学整合。首先，结合本地区经济文化条件及学生特点，创建独特的校本课程，优化学校的课外实践课程结构；其次，将本土文化融入语文教学，让学生在语文课堂当中体会到本土文化的特有魅力；最后，引导学生走近本土文化，在实践当中切实感受、亲身体验特色的本土文化。①

　　宋丽和舒惠娟分别对中职艺校和中职语文教学中学生人文素养的培养进行了研究，宋丽提出中职艺校语文教学中提升学生的人文素养应从以下几个方面入手：①抓住中职艺校特色，促进学生人文素养的培养。一是将学生专业和语文学科有效结合，二是开展丰富的课外语文活动，如各类比赛、成果汇报演出、公益演出等等，三是根据专业特点和学生情况采取多元化、多样化和发展性的教学评价。②挖掘语文教学中的人文因素。包括树立以人为本的教学理念，在阅读和写作教学中提升学生人文素养的具体方法。③转变师生观念，提升中职艺校师生的人文素养。② 舒惠娟从教学观念、语文教材、课外活动以及语文教师等角度提出中职学校学生的人文素养的培养策略：①树立人文主义的教学观念。语文课程的设置应以学生发展为中心，评价体系的构建也应促进学生全面提升。②整合中职语文教材。包括挖掘文本中蕴含的人文精神、借助阅读和写作提升学生人文素养的具体方法。③开展语文课外实践活动。可以通过组织语文实践活动课、加强校园人文文化与人文环境建设、举办语文知识讲座等方式来实现。④提升中职语文

---

① 郑颖．小学高年级语文教学中学生人文素养现状与培养策略研究［D］．沈阳：沈阳师范大学，2018．
② 宋丽．中职艺校语文教学中人文素养的培养策略［D］．苏州：苏州大学，2015．

教师自身人文素养。这就需要教师付出努力，打好扎实的知识功底，形成完善的人格品质。①

2. 英语课程中的培养研究

在英语课程教学中，林丽香提出挖掘高中英语教材中的人文内涵、提升教师自身的人文素养和实施人文性评价三种高中英语教学中的人文素养培养策略。② 王洋提出通过精简课堂来正确处理英语教学与人文素养培养之间的关系，在课堂教学中采取如小组讨论、比较学习等多样化的教学方法，在课堂外通过经典名著阅读、观看英语原声影视作品校园媒体宣传及校园活动等方式培养高中学生的人文素养。③

高研从教育观念、教育师资、教学内容、教学过程、教学评价、教学方法和第二课堂等角度，对如何在高中英语教学中培养学生的人文素养进行了更为详细的论述，她认为在教育观念上，树立素质教育理念，营造校园人文氛围；在教育师资上，重视教师继续教育，提升教师人文素养；在教学内容上，提炼教材人文内涵，优化日常教学内容；在教学过程中，重视学生主体参与，创设课堂人文环境；在教学评价中，运用多元评价方式，体现教育人文关怀；在教学方法上，激发学生学习兴趣，开展现代人文教学；在第二课堂中，拓展学生人文视野，促进综合能力发展。④

3. 地理课程中的培养研究

在地理课程教学中，何爽提出了高中地理活动教学中培养学生人文素养的途径和实施建议，对学生人文素养的培养途径包括语言交往类活动（包括讨论、辩论活动和调查访问）、情感体验类活动（包括生活角色扮演和实地参观）、问题探究类活动（包括掘案例内容和精选探究素材）、实验操作类活动、文艺欣赏类活动（包括播放地理纪录片、观看动漫电影和阅读地理期刊）等各种活动形式。

---

① 舒惠娟. 中职语文教学中学生人文素养的培养［D］. 杭州：浙江工业大学，2016.
② 林丽香. 高中英语教学中人文素养教育现状调查与改进策略［D］. 福州：福建师范大学，2015.
③ 王洋. 高中英语教学中人文素养的培养现状及策略［D］. 重庆：西南大学，2021.
④ 高研. 高中英语教学中学生人文素养培养的调查研究［D］. 南京；南京师范大学，2014.

对学生人文素养的培养建议何爽则提出以下三点：①提升地理教师的人文素养，教师应具备丰富的人文知识，并能够将这些知识内化为自身的精神须域；②充分利用地理教材中的"活动"栏目，通过地理活动教学来提升学生的人文素养；③注重评价体系的多元化，包括评价内容和评价方式的多元化。① 吴巧平以高中地理的《中英气候课堂》教学与活动为例，开展了对学生地理人文素养培养的实践研究。吴巧平研究了课堂理念渗透—课外社会实践—地理人文素养提升的表现等三个环节，其中地理理论知识渗透的主阵地课堂，通过上课、班会、重大节日等多渠道多形式渗透理念，提升地理理论素养；针对社会实践部分，主要由教师结合学校德育处共同组织的社会实践活动，如板报、手抄报、辩论赛、远足活动等来提升地理人文素养。②

4. 政治课程中的培养研究

在政治课程教学中，崔燚从教学理念、教学方法、教师和教学环境入手，探索了高中思想政治课教学中提升学生人文素养的现实路径，其中，教育理念方面，包含"全体学生全面发展"核心理念、"以生为本"教育理念、"三贴近"（即社会热点、实际生活和学生思想）教学理念、"知行统一"课程理念；教学方法方面，包括灵活和合理运用情境教学法、合作探究教学法、案例教学法、阶梯式提问法等多种教学方法；教师方面，通过树立人文意识、扩充人文知识、培养人文情怀、注重人文思想等方式健全教师的人文素养；教学环境方面，通过让学生树立自主学习观念、增强问题意识、激发创新思维、开展合作教学等方式打造人文的课堂教学环境。顾文磊对思品课中如何培养小学生的人文素养提出建议：塑造校园文化、教师加强自身人文素养、形成有利于学生人文素养发展的家庭教养方式。③ 闫宏荣关于在思想政治课教学中培养学生人文素养提出以下对策：在政治课堂中，可以通过建立融洽和谐的师生关系、落实学科核心素养、深入挖掘和利用教材中的人文因素等方式来传递人文素养；在政治课堂外，通过鼓

① 何爽. 高中地理活动教学中人文素养培养研究 [D]. 武汉：华中师范大学，2017.
② 吴巧平. 新课改理念下学生地理人文素养培养的实践研究 [D]. 石家庄：河北师范大学，2015.
③ 顾文磊. 思品课中小学生人文素养培养研究 [D]. 苏州：苏州大学，2016.

励学生自主阅读、开展丰富的主题活动、走入社会参加社会实践等方式来渗透人文素养；对于政治课教师来说，通过加强师德修养、树立以生为本的育人观念、增强文化知识的积累等方式提高教师的人文素养。① 陈睦婷从教师、教材、实践活动和评价四个角度入手，提出高中思想政治课中培育学生人文素养的途径，具体包括：①提高教师人文素养，树立以生为本的教学理念；②挖掘教材人文内容，提升教学的人文价值；③开展实践探究活动，提高学生的人文能力；④结合知情意行，构建多元立体评价机制。②

5. 物理课程中的培养研究

在物理课程教学中，常爱江提出了在高中物理教学中渗透人文教育的策略和建议，在她看来，首先，培养学生人文素养的前提是提高教师的人文素养，教师应该自我争取重新接受人文教育的机会，培养阅读习惯，要有自己的生活品位和人格魅力；第二，物理学史饱含人文气息，要在物理课堂中渗透"人文精神"，必须抓住物理学主干发展史和物理学史中的具体历史事件；第三，善于从物理教材中发现、挖掘包含有"人文精神"的素材；第四，在物理教学中结合中华优秀传统文化来渗透人文精神；第五，构建和谐的师生关系，融洽、和谐的师生关系和教学氛围，是顺利完成物理教学任务并从中渗透"人文精神"的润滑剂和催化剂；第六，教育主管部门要做好保障工作。③ 刘彬彬提出在初中物理教学中培养学生人文素养的策略，首先，提高教师的人文素养。学校方面要注重对教师的人文关怀，教师自身也要养成阅读书籍的习惯。其次，加深对人文素养的重视程度。对社会而言，多发扬传统文化，推动道德风气建设；对学校而言，鼓励在物理教学中培养学生人文素养，学校让校园文化充满人文精神；对教师而言，树立培养"全面发展的人"的教学理念。最后，找到有效地培养途径。例如，把传统文化引入物理课堂、重视教材上的人文知识、挖掘对应的物理学史、开展物理趣味活动等等。④

---

① 闫宏荣．思想政治课教学中学生人文素养的现状及培养对策研究［D］．大连：辽宁师范大学，2018.
② 陈睦婷．高中思想政治课人文素养培育研究［D］．上海：上海师范大学，2019.
③ 常爱江．高中物理教学中渗透人文精神的研究与实践［D］．济南：山东师范大学，2013.
④ 刘彬彬．初中物理教学中培养学生人文素养的研究［D］．岳阳：湖南理工学院，2019.

6. 历史课程中的培养研究

在历史课程教学中，刘燕结合自身的高中历史教学实践和探索，提供以下几条改进中学生历史人文素养教育现状的建议：①加强教师队伍培训，提升教师自身人文素养。客观方面可以通过营造良好的政策环境、加强教师师德培训、提升校园管理者的素养、加强教师自我心理疏导等方式，主观方面则需要教师自身的个人努力，自觉提高人文素养。②深入发掘教材内容。正确、充分地利用历史中的伟大人物和优秀文艺成果来感染和熏陶学生，并通过开设专题研究、学习人类文明现代化进程等方式培养学生的人文精神。③开辟第二课堂。所谓的第二课堂，就是通过组织各种探究和实践活动，让学生在思考和实践的过程中，深刻理解历史的人文魅力。第二课堂的组织可以是角色扮演、课堂辩论、主题活动、参观历史遗迹等形式。[①] 梁粤东（2020）从教学观念、历史课堂、教师队伍、评价方式和学情角度出发，提出在初中历史教学中培养学生人文素养的建议：①转变历史教学观念，精准把握历史课程标准。②创新人文历史课堂。包括教学观念、教学方法和手段、活动形式的创新。③加强教师队伍建设，全面提升教育教学能力。④创新评价方式以促进学生发展。包括评价功能、评价内容和评价方法的创新。⑤把握历史学习学情和学生年龄特征，遵循学生的成长规律。[②]

（二）在不同教学活动下的培养研究

学者们除了研究在不同学科课程中培养和提升学生的人文素养，也对在不同教学活动下如何培养学生的人文素养进行了探究。例如，王畅提出了通过语文教学中的经典诵读活动来提升当下高中生人文素养的有效策略，具体包括：第一，转变教育观念，树立提升人文素养与基础文化知识与技能并重的理念；第二，制定具体计划，商讨制定好教学计划并确定有针对性的学习教材；第三，创建书香校园，努力营造浓厚的氛围使学生感受到中华传统经典的永恒魅力，营造良好的人文素养的培育氛围；第四，开发特色课程，可以开展丰富、多样化内容的经典

① 刘燕. 新课改背景下中学历史人文素养教育的现状与反思 [D]. 开封：河南大学，2014.
② 梁粤东. 初中历史学科"人文素养"培养问题研究 [D]. 桂林：广西师范大学，2020.

诵读校本课程；第五，切实落实诵读，将"经典诵读"活动真正落到实处；第六，举办各种竞赛，充分组织各类活动如朗诵、演讲比赛和知识竞赛等，激励学生对经典诵读的学习兴趣；第七，提升教师素养，教师自身要拥有较高的国学根底和人文素养；第八，灵活评价方式，建立灵活多样的考核评价方式，将学生的平时成绩也纳入考核范围。徐小凤提出了在高中小说教学活动下培养学生人文素养的策略，具体包括：①让学生通过情感朗读、角色扮演等方式置身小说语言情境当中，感悟小说中的人文内涵；②重视民主教育，尊重学生的主体地位以及他们的想法和意见，为培养学生的人文素养创造条件；③对高中的小说进行研究性学习，解决阅读小说中遇到的所有难题，也可以找出作家的不同作品跟所学的课文相比，把握小说的人文内涵；④寻找高中小说作品中能够引起学生共鸣的点，并且创设适当的情境，在情境教学中触动学生情感体验，为培养人文素养奠定基础；⑤教师亲近阅读，提升自身的人文素养，陶冶学生的人文情怀。① 孙雪梅对高中古诗文教学中人文素养培养的策略进行研究，总结建立了"导入——诵读——品鉴——拓展"这一比较稳固有效的教学模型，并探究出了情景营造法、涵咏品读法和讨论探究法几种古诗文中人文素养培养的有效教学方法，以及读与写结合、文本与生活结合的多样的教学途径。② 杨竣羽提出运用优秀传统文化资源培养学生人文素养的实现路径：首先，构建以人为本的教学环境，包括对师生人文素养有影响的物质环境和精神环境；其次，培育人文素养的教学实施，通过备课中挖掘人文素材、授课中体现人文关怀，并在教学实践的过程中取得了积极的教学效果；最后，加强第二课堂的人文教育，学校、家庭、社会形成合力，共同努力为学生人文素养的提高提供实践的舞台。③

二、教师的人文素养提升研究

学者们针对培养学生的人文素养所提出来的策略基本上都有提升教师的人文

---

① 徐小凤. 新课标背景下高中小说教学的人文素养培养研究 [D]. 厦门：集美大学，2020.
② 孙雪梅. 高中古诗文教学中学生人文素养培养研究 [D]. 成都：四川师范大学，2015.
③ 杨竣羽. 传统文化资源培养中学生人文素养的实现路径研究 [D]. 呼和浩特：内蒙古师范大学，2020.

素养，足以看出提升教师人文素养对于教育的重要性，因此学者们也开展了许多关于提升教师人文素养的研究，提升策略从校内外客观方面和教师主观方面两个角度入手。

（一）校内外客观方面

1. 学校层面

第一，创建充满人文精神的校园环境，营造人文校园。校园环境无时无刻不在影响着教师的工作和生活，因此要想提升教师的人文素养，就需要建造美丽的人文校园。首先，精心设计校园的物质文化，学校要结合自己的地域特色和办学理念，精心设计学校里的建筑设施以及雕塑亭台、壁画长廊、图书馆、教学楼等各种建筑物和设施；其次，精心打造校园的精神文化，这也是人文校园建设的核心，学校要制定独有的培养目标、办学宗旨和特有风格，要彰显历史底蕴和文化个性；最后，开展学校特色文化活动，可以通过开设名人讲堂、专题讲座或学术讨论会、开展一些弘扬传统文化的系列活动等提高师生的人文素养以及解决实际问题的实践和创新能力。

第二，加强教师人文素养教育和培训。不但要抓教师的职前培养，除开设必需的专业课程之外，应加大师范技能课程和人文类课程在教学中所占比例；更要重视教师的在职培训，把入职教育和职业道德教育放在首位。对于在职培训，学校应该：①完善培训制度，制定科学的、系统的、切实可行的培训计划；②细化培训目标，国家和社会对于教师人文素养的总体要求比较模糊，需要学校有针对性地进行细化和分解，提出明确的目标和要求；③改进培训内容，在课程设置上不仅要遵循科学性、人文性共存的理念，综合设计课程结构，还要抓住学校教育发展的特色，选择与时俱进的课程和教材，增加培养课程的开放性和灵活性；④创新培训形式，对于教师的培养不能只拘泥于传统的被动听课模式，需要创造新的培养模式，比如情景式教学、案例分析、教师论坛、专家函授或讲座等形式。

第三，建立并完善教师人文素养考核评价机制。这也是一种提高教师素养的方式，应用评价这一手段，让教师清楚明了地发现自己的优势与短板。良好的教师评价体系应以形成性评价为主，采取定性与定量相结合的方式来综合评价教师的人文素养，教师通过评价信息的反馈，清楚地认识到自己的不足，从而有意识的提高自己，最终促进自身的专业成长和综合素质的全面提升。

第四，开展读书活动，丰富教师生活。阅读是提升教师专业水平和人文素养的有效方法之一，在知识经济高速发展的今天更要求教师树立终身学习的理念，不断读书更新自己的知识，增加知识储备。学校能做的就是为教师提供大量的阅读书目，设立阅览室或者图书室，鼓励教师书写读书笔记等等，为教师提供良好的读书环境。

2. 社会层面

一方面，完善政策机制，优化政策环境。良好的政策环境是提升教师人文素养的有利外部条件，因此教育部门要重视教师人文素养的提高与不断发展，首先需要各部门形成合力提供力所能及的帮助，多方协调支持，关心教师发展；其次，改善待遇水平，保障教师地位，对教师进行充足的财政补贴，为教师人文素养得以发展提供经济保障。另一方面，提升整个社会的人文素养水平。教师处在社会这个大环境中，想要提升教师的人素养，就必须先从提升整个社会的人文素养水平入手。我们可以通过利用大众媒体加强舆论引导，形成良好的社会文化氛围感染教师，也可以通过减少功利污染，净化教育环境。

（二）教师主观方面

1. 自觉更新教育观念

教育最重要的核心存在于人性的本质、教育的人文精神中，教师自身对这些概念的不同理解便会形成不同的教育价值观，教师应当形成全面正确的教育价值观。新时代新课程呼唤教师树立立德树人、以人为本的教育理念，教育的出发点和落脚点应该是学生，教育应该"以生为本"，学生才是学习的主体，因此需要教师始终积极践行新课程理念，让每个学生都参与到教学中。

2. 注重知识积累，完善知识结构

教师的人文素养不是与生俱来，而是人文知识的不断积累、整合、内化所产生的结果，而且教师作为知识的传播者，为了更好地教书育人，更应该树立终身学习的理念，加强人文知识的积淀，既包括本学科专业知识，也包括人文科学知识和综合性知识的积累。同时，也可以多多关注关注时事政策，倾听世界声音，在提升自身政治素养的同时也可以给予学生在政治方向上的正确引导。

教师可以通过系统广泛的阅读来丰富自己的知识结构，养成良好的阅读习惯。只局限于教材、教参的阅读会导致教师知识面的狭窄、思维单一、教学形式趋于单一化、教条化。系统广泛的阅读要求教师不仅要读有助于学科专业发展的书籍，还要去读文学作品、历史著作、名家经典等作品，形成丰富的人文知识和丰厚的人文底蕴。

3. 加强道德修养

教师是对学生影响最深的人之一，任何时代任何国家都要求教师具有超高的道德素养。良好的道德修养要求教师首先做到关爱学生，教师要以平等尊重的姿态对待每一个学生，严慈相济，关心和爱护每一个学生的成长情况和学习状况，更要关注学生的心理健康和人格塑成；良好的道德修养也要求教师能够做到爱岗敬业，对自己从事的事业有一个正确认识，尊重自己的选择，珍惜自己的职业，以一种无私无畏的追求全身心地投入自己的本职工作中去；良好的道德修养还要求教师做到言行一致，"学高为师，身正为范"，人文素养的提升和发展仅靠理论知识的学习是远远不够的，更要靠教师去亲身实践，努力做到严于律己、品德高尚、举止文明。

4. 学会自我反思

美国心理学家波斯纳曾提出"教师的成长＝经验＋反思"，教师若想进步，一定学会及时地进行自我反思，从反思中提高自己，做好工作。郝焕香提出教师反思专业成长首先要不断反思自身的职业价值观，应该经常反问自己关于教师职业的内心真实看法，重建自己的教师职业意识和职业行为；其次，经常反思自身的教育过程，可以通过写教学日记或者教育随笔、微格教学等方式，结合当前教育最新理念其他优秀教师的授课经验，反省自己的课堂教学活动，判断自己的教育教学方法和教育成果是否符合教学要求；最后，正确面对各种评价尤其是批评性评价，在他人的批评面前教师更能发现自身的不足，细小的缺点成为宝贵的教育资源，并根据反思重新制订自我发展目标。①

三、其他职业人员的人文素养提升研究

学者们在对警察、护士和医务人员等人员进行人文素养现状研究的同时，也相应地提出了其他职业人员人文素养的提升策略。例如，张波针对警察在执法过程中缺乏人文素养的现象提出以下几点培养警察人文素养的策略：①树立以人为本的执法观，警察要真正认识到"政府权力有限"和"警察权力有限"是法治社会执法的一项重要原则，警察的工作一定要在《宪法》和《行政许可法》的规定范围内进行，积极保障公民权利、促进公民权利的实现；②加强伦理道德建设，警察要具有清廉、公正的品德，能够坚持"秉公执法"的精神，时刻保持对"公正"的坚守和追求；③加强人文知识学习，提升文化水平，通过公安机关加强培训和警校加大人文学科教学来实现；④完善公安法律制度，警察人文素养的提升需要有充分的制度保障；⑤建立恰当的考核制度，对执法人员的法律知识及执法工作技能进行定期的考核。② 刘松林探究出基层民警人文素养提升的有效路径：通过创建高素质的政工团队和提升基层民警招录标准来优化队伍；加强基层民警人文素养提升的教育引导；完善基层民警的人文素养评价机制、人文行为调控机制、人文行为激励机制、人文素养保障机制等人文素养提升的制度设计；通过优化基层警营的物质和精神文化环境，加强社会及家庭环境的支持等落实基层民警人文素养提升的环境支持。③ 向薇等人提出外科护士人文素养教育的五条现实进路：校院合作开发护士人文素养提升专项继续教育项目、创设护士综合素养提升的文化环境、打造特色医院文化和科室文化、开展系列主题文化活动和主题竞赛、开展护理人文素养研究。④ 李佳颖分别提出加强新疆地区医务人员

① 郝焕香．当代中小学英语教师人文素养研究［D］．上海：华东师范大学，2009．
② 张波．警察人文素养调查及其培养研究［D］．沈阳：沈阳师范大学，2011．
③ 刘松林．基层民警人文素养提升对策研究［D］．北京：中国人民公安大学，2020．
④ 向薇，张平，占正寅．三甲医院外科护士职业人文素养状况调查分析——兼论护理人文素养教育的现实进路［J］．中国多媒体与网络教学学报（中旬刊），2020（12）：236-239．

和我国医务人员人文素养的建议，要提高新疆医务人员的人文素养必须通过重视医务人员人文素养的认知和培养、加强医德教育、改善收入格局、提高管理层的领导力度等措施，提高我国医务人员的人文素养则可以通过调节与平衡医患的利益冲突、改革医学教育制度和重建诚信等方法。①

综合以上研究可以看出，对于不同对象的人文素养培养和提升研究，学者们基本上都是基于问题现状和原因分析提出的对策和建议，少有关于人文素养的培养或提升的实践研究，这些针对性的策略真正实施起来是否有效我们并不知道。因此，未来关于人文素养的培养可以采取纵向研究的方式，追踪调查真正有效的培养和提升学生、教师、警察、护士或其他职业人员的人文素养策略。

---

① 李佳颖. 新疆地区医务人员人文素养现状及对策研究［D］. 乌鲁木齐：新疆医科大学，2013.

第二章 人文素养的价值与功能

第一节 人文素养的个体价值与功能

人文素养是一个人外在精神面貌和内在精神气质的综合表现，也是一个现代人文明程度的综合体现。有着丰厚的人文素养的人，兴趣广泛、心理健康、情趣高雅、豁达自信、谈吐文明，追求较高的生活和工作品位，充满工作的热情，洋溢着生命的激情，闪耀着人性的魅力。① 而那些具有较高的人文素养的人，走向社会之后，社交能力和适应社会的能力更强。人文素养是个人在现代社会生存和持续发展的必备素质之一。随着经济的发展，对于劳动者的要求也是日益提高，除了要求较高的知识技能之外，对个人的内在品格的要求也越来越高。对人进行人文素养的培养可以有利于其通过学习人文知识来完善自身人格。良好的人文素养，不但对个体有着独善其身的积极作用，而且对社会的和谐发展有着巨大的推进作用，社会上良好人文素养的人越多，就越有利于社会的运转模式向更好的方向变化，对社会环境的改善也起着较强的促进作用。成为丰富多样、开放包容、自由度高的社会是现代社会的目标，对人们进行人文素养的培养对于这一目标的实现是有很强的推动作用的。广大青年生逢其时，也重任在肩。我们的国家正在走向繁荣富强，我们的民族正在走向更加幸福美好的生活。同人民一起奋斗，青春才能光亮；同人民一起前进，青春才能无悔。作为新时代的社会主义建设者和接班人，广大青年要坚定理想信念，志存高远，脚踏实地，勇做时代的弄潮儿，在实现中国梦的生动实践中放飞青春梦想，在为人民利益的不懈奋斗中书写人生华章。

---

① 张南，魏福生，邱爽. 大学生人文素养［M］. 西安：西北工业大学出版社，2015.

一、人文素养的个体价值

人文素养的内涵包括人文知识、人文精神和人文行为三个方面。其中人文知识是人文素养形成的基础，人文精神是人文素养的核心，而人文能力正是人内在的价值追求和精神品格的外在行为体现。所以，人文知识的内化即是人文精神，而人文精神的外化便是人文行为，三者之间是相环相扣的关系。对个体进行人文素养的培养，有助于个体丰富人文知识，提高人文能力，提升人文精神，对个体的全面发展是大有裨益的。做人做事的第一位是优秀修身。做人是做事得前提。德行是一个人做人的基础。青年人没有崇高的理想和优秀的品质，知识掌握得再多也无法成为优秀的人才。人无德，行不远，没有良好的道德品质和思想修养，即使有丰富的知识，高深的学问也是无济于事的。国家社会越来越强调一个人的德行，从这个方面我们也能看出德行、素养对于一个人、一个社会、一个国家的重要性。

（一）人文素养，促进个体人文知识的丰富

人文知识是人文素养的基础。一个国家、民族的优秀传统文化，高尚的人文精神通过传承人文知识才得以延续的。人文素养通过弘扬人文领域（主要是精神生活领域）的基本知识，如历史知识、文学知识、政治知识、法律知识、艺术知识、哲学知识、宗教知识、道德知识、语言知识等，提升个体的人文知识素养和文化底蕴。正如前人所说，"学史使人明智"，通过学习历史了解古今中外的历史，扩大知识面，增长见识，丰富头脑，树立正确的人生观和世界观。习近平总书记指出："脱离了中国历史，脱离了中国的文化，脱离了中国人的精神世界，脱离了当代中国的深刻变革，是难以正确认识中国的。"① 我们的历史文化中有其他国家不可比拟的特殊性和复杂性，积淀着中华民族最深沉的精神追求，为中华民族生生不息、发展壮大提供了丰富的滋养。当代中国是历史中国的延续和发展，当代中国思想文化也是历史上传统思想文化的延续和发展，当代中国思想文

---

① 习近平. 出席第三届核安全峰会并访问欧洲四国和联合国教科文组织总部、欧盟总部时的演讲［M］.
　北京：人民出版社，2014：45.

化也是历史文化的传承和升华，从历史中汲取营养和力量。只有坚持从历史走向未来，从延续民族文化血脉中开拓前进，我们才能促进教育事业更好地发展。"腹有诗书气自华"，文学知识中所饱含的智慧、思想是其他学科难以媲美的。文学是其他学科学习的基础，丰富的文学知识可以使个体更从容地面对生活，更自如地解决问题。习近平总书记要求社会主义建设者和接班人，要在增长知识见识上下功夫。青年人正处于学习文化知识的黄金时期，习近平总书记勉励广大青年，把学习作为首要任务，作为一种责任，一种精神追求，一种生活方式。广大青年要珍惜学习时光，心无旁骛求知文学，增长见识，丰富学识，沿着求真理、悟道理，明事理的方向前进。人文知识是对人与人之间关系的理论探索，能使主体自身正确或比较正确地认识社会历史领域的法则、秩序和规律。人文素养不仅可以丰富个体的人文知识，还有利于促进个体深厚文化底蕴的养成。

（二）人文素养，促进个体人文精神的提升

人文精神是人文素养的核心。个体通过人文素养学习和传承人类历史发展所形成的优秀文化传统，完善人的精神世界、塑造人的健康人格。习近平总书记曾经勉励广大的青年要勤学，下得苦功夫，求得真学问；要修德，要加强道德修养，注意道德实践；要明辨，和收纳与明辨是非，善于决断选择；要笃实，扎扎实实干事，踏踏实实做人。

在处理人与自然、人与社会、人与文化的关系时，人文素养要求突出人的主体性；在认识和实践活动中，人文素养更强调满足人的各种需要；在处理人与物的关系时，人文素养突出生命价值优先的人道主义和人本主义原则，强调人的价值重于物的价值；在人与人的关系时，人文素养突出人人平等原则，强调相互尊重和人格尊严。也就是说，要把人放在最重要的位置上，要尊重人的价值。人文素养通过关注"人之为人"的价值、尊严和意义，来去弘扬人文精神，形成个体对"人应当如何生活"的价值标准这一系列命题的自我意识。① 人文精神不仅是精神文明的主要内容，而且影响到物质文明建设。它是构成一个民族、一个地

---

① 刘越，赵然. 大学生人文精神的缺失与重塑 ［J］. 中国青年社会科学，2015，34（3）：5.

区文化个性的核心内容；是衡量一个民族、一个地区的文明程度的重要尺度。通过人文素养，有助于提升个体的人文精神，塑造崇高理想人格。习近平总书记强调新时代社会主义的建设者和接班人要在加强品德修养上下功夫。从古至今，我们都在对人文精神加以弘扬，我们欣赏东晋末期南朝宋初著名诗人陶渊明"采菊东篱下，悠然见南山"的安贫乐道、阔达的胸襟，也欣赏北宋著名诗人范仲淹"先天下之忧而忧，后天下之乐而乐"的强烈的社会责任感；也欣赏三国曹魏时期著名文学家曹植"捐躯赴国难，视死忽如归。"的报国之志。古代著名的文学家不仅给我留下流芳百世的不朽诗篇，也给我们留下宝贵的精神文化遗产。

2014 年 5 月，习近平总书记在北京大学师生座谈会上专门向广大的青年系统阐述了社会主义核心价值观，用扣扣子的比喻形象生动地说明了青年时期养成正确价值观的极端重要性。他说："青少年的价值取向决定了未来整个社会的价值取向，而青年又处在价值观形成和确立的时期，抓好这一时期的价值观养成十分重要。这就像穿衣服扣扣子一样，如果第一粒扣子扣错了，剩余的扣子都会扣错。人生的扣子从一开始就要扣好。"青年一代是民族的希望，青年一代的价值观对于国家社会的向前向上发展至关重要。

通过人文素养，引导中华民族一代接着一代最美好崇高的道德境界，培养高尚的道德情操和健康生活情趣，提高审美和人文素养，促进人格完善。

（三）人文素养，促进个体人文行为的培育

人文行为是人内在的价值追求和精神品格的外在行为体现。通过人文领域基础知识的学习，个体领悟知识的内涵唤起对人的生命本身带有终极性质的追问养成"清风亮节"和"超然物外"的价值追求和精神品格。这种内在的价值追求和精神品格体现在外在的行为上即是人文行为。人文素养通过丰富个体的人文知识，促进人文知识内化，形成人文精神，而人文精神的外化形成人文行为。人文知识是一个人具有人文素养的前提和基础人文精神是一个人的内在养成和精神追求，那么人文行为则是表现在一个人的具体行动和实践上。① 人文素养引导学生

---

① 赵磊. 当代大学生人文素养的内涵与提升 ［J］. 重庆大学学报（社会科学版），2003（2）：156-158.

把国家、社会、公民的价值要求融为一体，提高个人的爱国、敬业、诚信、友善修养，自觉把小我融入大我，不断追求国家的富强、民主、文明、和谐和社会的自由、平等、公正、法治，将社会主义核心价值观内化为精神追求、外化为自觉行动。

人文素养通过教会个体，如何做人，如何处理关系，如何较好地解决人身的理性、理智、情感等问题，培育人文行为，增强个体适应社会的能力。

（四）人文素养，促进个体家国情怀的孕育

家国情怀是根植于中华优秀的传统文化，也是根植于爱国主义。根植中华优秀传统文化的家国情怀是自然经济、农业文明孕育的情怀，是依托和针对个经济单元封闭孤立发展现实的一种情怀，是主要彰显士大夫、社会精英悯惜庶民百姓生存、追求普通民众生存所需的基础物质性诉求满足的一种情怀。在家国情怀中，它的爱国主义传统是源远流长的，这些爱国精神、爱国思想，不仅表现为对祖国壮丽山河的热爱，悠久历史的一种自豪，灿烂文化的一种认同，而且也表现个人强烈的忧患意识和忠贞不渝的报国情怀。爱国，是人世间做深沉、最持久的情感，是一个人的立德之源，立功之本。爱国主义是中华民族精神的核心。通过人文素养，人文知识的学习，我们可以在中国古代的历史典籍中看到无数关于爱国的诗歌，宋朝诗人陆游的"王师北定中原日，家祭无忘告乃翁"；唐朝著名诗人杜甫的"国破山河在，城春草木深"；清朝徐锡麟的"只解沙场为国死，何须马革裹尸还"；都是体现出浓厚的爱国情怀。历史上为了祖国为了维护祖国统一，捍卫祖国的尊严，无数仁人志士以身报国，抗御外辱，谱写了一曲曲爱国史诗，树立了一座座爱国丰碑，比如，苏武牧羊，班超投笔从戎；岳飞精忠报国，文天祥视死如归，他们把个体价值、家庭价值的实现与国家民族命运联系在一起。家国情怀的弘扬，既是对支撑中华民族生生不息、薪火相传的重要的精神力量，也是对中华儿女奋进新时代、展现新作为人文素养促进高尚人格的形成的极大鼓励。人文素养，促进家国情怀的弘扬，把自己人生融入实现民族复兴的历史洪流之中。

习近平总书记指出，只要我们在培养主义建设者和接班人上有作为、有成

效，我们的大学生就能在世界上有地位，有话语权。青少年阶段是人出生的"拔节孕穗期"，最需要我们精心的引导和栽培。培养拥护中国共产党领导和我国社会主义制度、立志为中国特色社会主义事业奋斗终生的有用人才，就要推动习近平新时代中国特色社会主义思想真正走进学生的头脑，引导学生增强中国特色社会主义道路自信、理论自信、制度自信、文化自信，厚植爱国主义情怀，把爱国情、报国志、报国行自觉融入坚持和发展中国特色社会主义事业、建设社会主义现代化国家、实现中华民族伟大复兴的奋斗之中。

人文素养大力弘扬中华民族优秀传统文化，传承革命文化，发展社会主义先进文化，引导学生形成正确的历史观民族观、国家观、文化观，增强中国人的骨气和底气，孕育厚重的爱国情怀。坚持不懈用习近平新时代中国特色社会主义思想铸魂育人，引导学生了解世情国情党情民情，增强对党的创新理论的政治认同、思想认同、情感认同，坚定中国特色社会主义道路自信、理论自信、制度自信、文化自信。

（五）人文素养，促进个体专业伦理的建构

专业伦理是专业团体针对其专业特性研究发展出来的道德价值观与行为规范，是在该专业领域里工作的理想指南，提供专业人士在遇到专业方面的伦理道德问题时做正确抉择的依据。专业伦理强调在专业层面的意识和行为规范引导，既包括对专业的尊重、热爱与认同，也包括对专业所蕴含的伦理价值的认同，以专业所承载的哲理思想、价值理性和社会责任。[①] 进入新时代，专业伦理对于个体形成社会道德价值观与行为规范，适应社会生活，在平凡的岗位上实现不平凡的自己。

1. 人文素养促进个体专业伦理思维的养成

人文素养将专业伦理贯穿于整个教育过程，在增强个体的知识涵养、塑造理想人格、孕育家国情怀的过程中，也要注重培养专业伦理思维。新时代新形势对社会主义接班人提出了更高的要求，既要有真才实学，又要有高尚品德要求。专

———————————
① 浦法仁. 社会科学辞典系列　法律辞典［M］. 上海：上海辞书出版社，2009：100.

业伦理思维有助于个体形成正确的职业观，促进个体积极学习专业知识和专业技能，加强个体在专业领域的行为规范和价值认同，是个体形成专业伦理的基础。人文素养在促进个体理想人格生成的过程中，也有意识的引导个体养成良好的行为习惯，培养奋斗精神，承担对应的社会责任，树立良好的价值观，促进个体专业伦理思维的形成。

2. 人文素养促进个体专业伦理自觉的培养

人文素养通过提升个体的知识素养、社会责任意识、道德规范意识和价值观念的塑造，提升个体的眼界和认知方式，在对专业领域充分了解的基础上，让其充分认可专业对自身的个体价值和社会价值，提升个体的专业伦理的认识，促进个体专业伦理自觉地形成。专业伦理自觉帮助个体积极的适应社会生活，促进个体主动自觉形成对职业的理解、尊重，认同职业所蕴含的伦理价值观和所承担的社会责任，在岗位上实现自身价值。被动的适应社会，消极倦怠的工作态度，否定职业价值，这些都不利于个体融入社会，成为社会发展进步的有用之才，栋梁之材，为实现中国梦奉献智慧和力量。

3. 人文素养促进个体专业伦理行为的落实

人文素养通过培养高素质的人才，促进专业伦理行为的生成。高素质的人才对自身往往有较高的要求，在参与社会工作时其行为往往表现出更好的责任感；在遇到伦理道德问题时，往往会做出正确的抉择。对于自己的专业认知，会更加的理性和深刻，充分理解其专业价值和社会责任，做出符合专业伦理规范的行为。复旦大学教授钟扬就是其中的一个典型。他援藏 16 年，致力于生物多样性研究，在青藏高原奔走 50 万公里，采集上千种植物 4000 万颗种子，为国家和人类储存下泽被后世的基因宝库。他倾心培育少数民族科研教学骨干，忘我耕耘，播种未来。他以对党的无比忠诚、对过年深沉挚爱和对教育事业的执着追求，把论文写在祖国山川大地上，把心血和汗水倾注在国家和人民需要的地方。

人文素养引导学生深刻理解并自觉实践各行业的职业精神和职业规范，增强职业责任感，培养遵纪守法、爱岗敬业、无私奉献、诚实守信、公道办事、开拓创新的职业品格和行为习惯。人文素养注重在潜移默化中坚定学生理想信念、厚植爱国主义情怀、加强品德修养、增长知识见识、培养奋斗精神，提升学生综合素质。

（六）人文素养，促进个体科学精神的培养

科学精神是指科学实现其社会文化职能的重要形式。科学文化的主要内容之一。包括自然科学发展所形成的优良传统、认知方式、行为规范和价值取向。集中表现在：主张科学认识来源于实践，实践是检验科学认识真理性的标准和认识发展的动力；重视以定性分析和定量分析作为科学认识的一种方法；倡导科学无国界，科学是不断发展的开放体系，不承认终极真理；主张科学的自由探索，在真理面前一律平等，对不同意见采取宽容态度，不迷信权威；提倡怀疑、批判、不断创新进取的精神。社会主义建设者和接班人一定要用于创新创造。青年是社会最富活力，最具有创造性的群体，理应走在创新创造前列。习近平总书记号召广大的青年，要有敢为人先的锐气，用于解放思想、与时俱进，敢于上下求索、开拓进取，塑造在继承前人的基础上超越前人的雄心壮志，以青春之我，创建青春之国家，青春之民族。要有逢山开路、遇河架桥德意志，为了创新百折不挠、勇往直前的精神。又有探索真知，求真务实的态度，在立足本职工作的创新创造中不断地积累经验、取得成果。

1. 人文素养水平是科学精神的标志

人文素养的目的在于增加个体的幸福感，在自然科学领域，科学精神是科学技术的更新，这种更新必须从人类的需要出发，以增进幸福感为目标。如果没有人文素养这个标杆，科学容易走向狭隘的道路，只有单纯的科学研究是不行的。幸福不是毛毛雨，幸福不是免费午餐，幸福不会从天而降。人世间的一切成就、一切幸福都来源于劳动和创造。在人类历史上，正是那些怀有幸福观念的科学家，为了人类的幸福去努力创造，在促进科技进步的同时，也给人类带来了幸福感。[①] 人文素养通过提升个体的家国情怀、社会责任感，激发个体实现高远的自我价值，促进其为人类追求更高的幸福感而努力。

---

① 马明华，涂争鸣. 高校人文素质教育论［M］. 广州：华南理工大学出版社，2010：20.

2. 科学精神培育离不开人文素养

人文精神有利于个体合作精神、良好的心理素质、健康的情绪状态的生成。这些都是科学精神形成的基础。当前社会的科技发展迅速，仅仅依靠个人的力量是远远不够的。人文素养可以调节一个人的心态和情绪，从而使个体得以释放和缓解不良情绪，更好的工作和生活。协调一个团队为了一个共同的目标而努力，仅仅依靠过硬的科学知识和技能是不够的，还需要合作精神，人与人在情感上的相互理解、包容，这些都是建立在人文素养的基础上。在掌握自然科学知识基础上，文学艺术有利于提高个体的敏感性，把握自然科学的奥秘。人文素养对于科学研究是具有促进作用的，无论是在社会中生活的普通劳动中，还是科研工作者，都离不开人文素养的滋养。科研工作者工作压力比较大，需要及时排解不良情绪，人文素养增加生活的乐趣，改善心态，以更好的精神面貌投入科研工作中去。正如我国著名科学家袁隆平先生，在科研工作之余，也会看看文学作品，拉小提琴，增加生活的趣味性，有利于更专心地投入科研工作中去。人文素养对于科学精神具有重要的意义，人文素养有利于促进和提升科学精神。

3. 科学精神需要人文素养作为基础

任何个体都无法脱离其生存的土壤，民族情感是千百年来溶于血缘的内在积淀，是人与人之间情感的联结。爱国主义和民族精神是人文素养最为重要的内涵之一，它也成为培育科学精神的前提。科学无国界，科学家有国界。现在我国在科学技术和工业方面面临着"卡脖子"的技术，这需要我们不仅需要大量培养具有创新能力的科学技术人才，这也需要我们加强爱国主义方面的教育，让更多的顶尖科技人才留下来为社会发展服务，为民族振兴服务。青年是社会上最富有活力、最具创造性的群体，理应走在创新创造的前列。我们所熟知的我国著名科学家钱学森同志，年轻时期远赴国外求学，他一刻也没忘记他的祖国，学成之后，冒着生命危险回到祖国，一直为国家科学技术进步默默奉献，这是爱国主义精神最鲜活、最真实地体现，真正做到了把自己的理想同祖国的前途、把自己的人生同祖国的命运紧紧联系在一起，励志扎根人民，奉献祖国。对于拔尖创新型人才，科学知识水平固然重要，但是他的思想品德修养也是居于重要位置，树立起正确的价值观、家国观是非常重要的。

我国的改革开放和社会主义现代化建设需要大量的人才。人才是实现民族振兴、赢得国家竞争主动的战略性资源。新时代改革开放和社会主义现代化建设事业，需要培养和汇聚一大批优秀人才投入到民族复兴的伟业中。这就需要通过人文素养，提升个体的专业素质、促进个体养成正确的价值观，促进个体高尚科学精神的养成，从而促进大批高水平科技人才、哲学社会科学人才和技能人才等创新型人才队伍的形成。

二、人文素养的个体功能

人文素养具有促进个体个性化和社会化的功能。个体的社会性和个性是矛盾的统一体，人的发展过程就是个性化和社会化对立统一的过程。个体在社会化的过程中必然伴随着个性化，同时也要求个性化。

（一）促进个体个性化

个性化一般指个体在社会适应和社会参与过程中所表现出来的、比较稳定的独特的个性。人文素养通过对个体进行人文知识教育，社会主义核心价值观的塑造，促进个体在社会生活形成独特个性，帮助个体更好地适应社会生活。人文素养促进个体个性化主要表现在以下几个方面。

1. 人文素养促进个体主体意识的发展

主体意识是人作为认识和实践活动主体的自觉意识，包括主体的自觉意识和对象意识。人从最初的生物体变成认识和实践的主体，必须以相应的知识和能力作为依托，把握客观世界的客观规律，发展自我意识，从而在把握客观规律的基础上，能动的改造世界。主体意识的发展促进个体积极地认识世界，把握世界规律，能动地改造世界。主体意识对于个体的成长成才尤为重要。具有主体意识的个体无论在工作和学习方面都更多地把握主动权，主动学习探索新的知识，促进个体能力知识的发展，促进个体更好地适应生活，实现自我价值。人文素养倡导社会主义核心价值观，点燃学生对真善美的向往，使得社会主义核心价值观润物细无声地浸润学生们的心田、转化为日常行为，增强学生的价值判断能力、价值选择能力、价值塑造能力，引领学生健康成长。对个体而言，人文素养通过对个体进行人文知识教育，丰富其文化底蕴，帮助其正确认识社会的秩序和规律，积极主动地认识和把握世界，促进个体主体意识的形成。

2. 人文素养促进人的个体特征的发展

个体的个性特征是指个体在身心发展过程中的差异性，体现个体的独特性。个体的独特性主要表现在个体的心理上，主要包括兴趣、爱好、理性、信念、世界观、能力、意志、性格等方面的特征。现在的青少年绝大多数在不愁吃穿的环境中长大，特别需要培养责任感、坚强意志、吃苦耐劳的精神。习近平总书记在北京大学对大学生提出了"要励志，立鸿鹄志，作奋斗者"的希望。"古之立大事者，不惟有超世之才，亦必有坚韧不拔之志"，"志不立，天下无可成之事"。要立志，更要实干。空谈误国，实干兴邦。社会主义是干出来的，新时代也是干出来的。我们的国家，我们的民族一步一步从积贫积弱到今天的繁荣发展，靠的就是一代一代人的顽强拼搏，靠的就是中华民族自强不息的奋斗精神。人文素养引导学生树立高远志向，历练敢于担当、不懈奋斗的精神，具有敢于奋斗的精神状态，乐观的人生态度，以行求知，已知促行，真正做到知行合一，做到自强不息。人文素养通过多样人文知识，丰富个体的学习生活，充分尊重个体的人格，有利于个体兴趣爱好形成；同时人文素养充分肯定人的价值、能力，有利于正确人生观和世界观的养成。

3. 人文素养促进个体自我价值的实现

人的个体价值归根结底是通过他在社会生活中所发挥的作用的大小来衡量的。人要成为有益于他人，有益于社会的人，某种程度上取决于它的道德水准和智力、能力状况的。人的知识、才能、道德越高，越能展现生命的价值与意义。人文素养通过文化知识的熏陶，通过塑造人文精神，提高个体的人文能力，使得个体在知识涵养、道德素养和社会适应等方面获得较高的水准。当然，个体自我价值的实现肯定是建立在社会实践的基础上。青年是祖国的未来、民族的希望，青年作为当合人民事业发展的主力军，要在伟大奋斗中实现自己的人生理想。人文素养积极培育和践行社会主义核心价值观，鼓励个体积极融入社会，提高个体的道德品质，引导个体积极参与社会实践活动，提高人际交往能力，从小事做起、从现在做起、从自己做起，身体力行将社会主义核心价值观推广到全社会去，在实现中华民族伟大复兴中国梦的生动实践中放飞自己的青春梦想，实现自己的人生价值。

人文素养通过人文知识教育，丰富个体的文化素养，提升个体文化底蕴，有助于提高个体的智力和能力。人文素养通过规矩教育，建立遵守社会规范和准则的意识，培养个体的社会适应能力，促进个体社会化。人文素养通过立德教育，陶冶个体思想情操，使个体成为具有较高的道德素养的人。人文素养通过恢复人性的教育课程，培养健全人格，有利于受教育者形成科学的世界观、人生观、价值观，为社会培养高素质的劳动者奠定基础。对于人的可持续发展来说，人文素养的培养也是至关重要的，因为人文素养是多方面能力的总支撑，这种支撑作用具体表现为理性的思维、宽容的心胸、健康的心态、良好的自我管理能力以及足够的合作意识等。①

与历史同向，与祖国同行，与人民同在，成就出彩人生。广大青年投身新时代中国特色社会主义教育实践，与人民同呼吸，与时代共命运，最大程度地实现人生价值。青年学生要成为担负起民族复兴的大任的时代新人，必须自觉走与人民群众相结合的道路，从人民群众伟大实践和丰富多彩的生活中汲取营养，做最广大人民根本利益的维护者。志之所驱，无远弗届，穷山距海，不能限也。每一个社会主义建设者和接班人都应担当起时代赋予的责任，立足本职、埋头苦干，从自身做起，从点滴做起，用勤劳的双手，一流的成绩成就自己的人生精彩。人文素养对于个体价值观、人生观的引导，道德素养的培育，促进个体成为一个合格的社会主义接班人。

（二）促进个体社会化

社会化一般指个体在出生后的发展中，习得社会规范、价值观念和行为习惯

---

① 戴红红，张梦新．论提高国民人文素养的重要性［J］．当代传播，2008（5）：103-104.

等，并借以适应社会、参与社会的过程。人文素养通过促进个体形成社会化的观念，促进个体智力和体力的社会化，促进个体职业和身份的社会化，促进个体形成良好的社会规范和社会道德意识，促进个体从"自然人"转变为"自然人"，人文素养个体发展功能，增强个体的社会适应能力。首先表现促进个体社会化的功能。

1. 人文素养促进个体观念的社会化

个体观念是指个体对于社会事物的看法和个体在社会活动中形成的思想。个体的观念也是其思维活动的结果。个体观念的形成受到社会文化前景和现实的社会实践活动的制约。个体从"自然人"成长为"社会人"的过程乃是接受社会文化的过程。而接受社会文化的过程，某种角度来看，正是个体人文知识内化人文精神，即人的观念社会化的过程。一个人是否能够尽社会责任和尽的是不是社会责任，皆由其所认定的社会责任观念内涵所决定。观念内蕴的是人生观和价值观指导下的某种价值选择的精神存在，社会责任感培育实质上要解决的就是人的价值实现问题，抑或说是观念社会化问题。新时代，社会责任感的培育必须由社会主义核心价值观来引领。

人的观念社会化的过程中，人文素养起着十分重要的作用。若对其作广义的理解，可以这样认为，人的在观念的形成一刻也离不开人文素养。即使对于任一具体的个体，其在社会化过程中可能会形成不同的观念，但这种不同的观念也是不同教育的结果。没有人文素养的参与，人的观念的形成便不可思议。人文素养，就是在个体观念的社会化过程中，有计划、有目的地按照一定社会的要求帮助个体形成社会所需要的观念。新时代，人文素养通过滋养个体的心灵，引导个体的行为，提高个体的自我价值，促进个体形成社会主义核心价值观，促进个体形成高度的社会责任感。通过人文素养促进个体观念的社会化特别表现在促进个体政治观念的社会化和道德观念的社会化。政治观念的社会化和道德观念的社会化促进个体更好地了解国家政治和社会准则，帮助个体更好地为国家政治服务，更好地立足与社会，实现人生价值。

2. 人文素养促进个体智力和能力的社会化

个体智力的发展离不开教育，这一点早已成为教育学的共识。教育学关于人的智力发展的研究也揭示出教育所具有的社会性、历史性特征。人文素养作为教育总体的分支，对于个体的智力发展具有的促进作用也是不容忽视的。人文素养通过弘扬人文知识，使个体从优秀的文学作品中汲取营养，开阔眼界，提升个人的文化素质，促进其智力的发展。

3. 人文素养指导或规范个体智力、能力的社会化

人文素养对个体的智力、能力的开发在很大程度上是按照社会的要求进行的。作为开发人的智力、能力的教育资源（主要指教育内容）是社会实践经验的概括与总结，是人类在长期的实践活动中智慧积累的结果。个体智力、能力的发展离不开社会的需要，同时又需要人文素养的指导与规范。首先，不同阶段的人文素养，指导与规范着个体智力、能力的发展方向。个体智力、能力朝着怎样的方向发展，这在总体上是受社会条件制约的，同时又受人文素养的指导与规范。人文素养将个体智力、能力的发展引导到适应社会生存并为社会发展服务的轨道。其次。人文素养也规范着个体智力、能力的社会化发展。人文素养通过特有的目标、内容以及特有的方式与途径，引导着人的智力、能力的发展。它规范着个体智力、能力的发展所可能指向的目标与水平。

4. 人文素养在个体智力、能力的社会化发展方面起着重要的促进作用

人文素养因其传授的人类科学文化具有简约化、浓缩化的特点，所以它对个体智力、能力的发展起着催化剂与加速剂的作用。人文素养逐渐被大众重视的其根本就在于它能缩短人类的认识客观世界的历程。人文素养传授优秀的人文知识，不受个体的时间和空间的限制，从而大大提高个体认识的起点，促进个体智力、能力的社会化。个体从"自然人"向"社会人"的转化过程，实质上也是个体智力与能力不断发展的过程，这种发展过程的速度如何，状况如何，部分取决于人文素养作用发挥得如何。人文素养对于促进个体智力、能力发展的作用是任何其他影响人的智力、能力发展的因素的作用所无法比拟的。

5. 人文素养促进个体职业和身份的社会化

职业社会化是指个体按社会需要选择职业，掌握从事某种职业的知识和技能，是成人获得与职业有关的知识、技能、规范、价值观的过程。成人社会化的基本领域。主要内容：①认知的学习，包括知识、技能、技巧、能力的培养；②职业规范的内化，指了解社会对所从事的工作的期望、限制和要求，深切地体现在工作实践中。身份社会化是指个体由"自然人"转变为"社会人"的过程中，个体行为、心理、知识、能力等方面都符合社会的要求，个体对社会身份的认同。社会职业分工是社会发展的必然要求，也是社会发展的重要标志。进入近现代社会以来，社会分工的发展与科技教育的发展紧密相连。科技推动社会生产变革客观上要求教育的变革。现代教育在虽然担负着促进人的职业社会化的使命，但是仅仅依靠学校教育，其力量是远远不够的。人文素养通过对个体心智、价值观、情绪的引导，使个体具备良好的社会行为规范和社会道德意识；人文素养加强个体对于个体和职业的认识，使个体更了解自己的爱好和兴趣所在，更好促进个体选择适合自身的职业；人文素养提高个体的智力和能力，帮助个体更好地掌握立足与社会所必备的专业知识和技能；人文素养促使内在的社会知识内化为行为，促使个体更好地适应社会，详细全面的了解自身的职业和在社会中所处的身份，调整自己的思想和行为，使思想、言行和能力符合职业要求和社会要求。在现代社会中，个体谋求某种社会职业通常是以接受相关的教育和训练为前提的，人文素养是促进人的职业社会化的重要手段之一。

人文素养也是促进个体的身份社会化的重要手段。个体的身份是指个体在整个社会结构中的地位。身份社会化与职业社会化有相联系的一面。人所从事的职业与人在社会中所处的地位（即人的身份）往往相一致。在这种意义上，个体的身份社会化也是以接受相关的教育与训练为前提的。个体的身份社会化与职业社会化也有相区别的一面，个体在社会结构中所处的地位或所具有的身份与从事的职业并非统一的。身份是一种更具广泛性的概念。在现代社会中，个体的非职业性的身份与地位也是与其所具备的教育素养分不开的。任何社会身份都程度不同地蕴含着对人文素养的需求，人文素养对促进个体身份的社会化起着至关重要的作用。人文素养引导学生把国家、社会、公民的价值要求融为一体，提高个人的爱国、敬业、诚信、友善修养，自觉把小我融入大我，为了实现国家的富强，民族的振兴，坚定不移更好的方向努力。

第二节　人文素养的社会价值与功能

国家富强和民族复兴需要强大的精神力量和价值支撑。习近平总书记指出："实现中华民族伟大复兴中国梦，物质财富要极大丰富，精神财富也要极大丰富。"① 德作为一种宝贵的精神财富，具有规范社会行为、维护社会秩序、引领社会风尚的重要作。通过人文素养，提高青少年的社会道德意识，使青年一代有理想，有本领，有担当，国家就有前途，有希望。青年兴则国家兴，青年强则国家强。习近平总书记强调："中国梦是历史的，是现实的，也是未来的，是我们这一代的，更是青年一代的。中华民族的伟大复兴的中国梦终将在一代代青年的接力奋斗中变为现实。"人文素养通过培养有理想、有本领、有担当的青年一代，促进社会的发展，促进国家发展。

一、人文素养的社会价值

（一）人文素养对社会的经济价值

人文素养通过对个体知识能力的塑造，对社会经济发展所起到促进作用就是人文素养的社会价值。人文素养促进国民素质的提高，国民素质是一个国家，一个民族发展进步的基石，决定着国家的前途和命运。人文素养服务经济社会发展的能力显著增强，为促进经济发展、社会和谐、文化繁荣做出了重要的贡献。人文素养与经济发展的结合更加紧密，注重能力培养，促进人的全面发展，倡导全民学习，个性化学习的理念深入人心。人文素养对社会的经济价值，主要表现在以下几个方面。

---

① 习近平. 习近平谈治国理政：第二卷 [M]. 北京：外文出版社，2017：323.

1. 人文素养促进可能的劳动力转变为现实劳动力

随着经济社会的发展，对于劳动者的要求除了基本知识技能之外，对于劳动者的基本素养提出了更高的要求，这些社会背景下，提高劳动者素质就显得尤为重要。可以说，人文素养在这个时代，有了更高的价值。个体生命的成长只构成了可能的劳动力，但只有经过教育和训练，掌握一定生产部门的劳动知识、技能和技巧，并参与生产某种使用价值，创造一定财富，才能成为现实的生产力。古往今来，人才是富国之本，兴邦大计。千秋基业，人才为先。人才是现代经济增长和社会进步的主要推动力，是先进生产力的创造者和传播者，在经济社会发展中起着基础性、战略性和决定性作用的重要推动力。人文素养在弘扬人文知识的同时，注重对个体意志力、理性、德行的培养，也注重对个体的社会适应能力的培养，为个体进入社会从事劳动奠定了良好的知识能力和人文素养基础。

2. 人文素养促进科学知识再生产

要实现由知识形态的潜在生产力转化为现实的生产力，除了要通过艰巨复杂的科学研究、发明创造或革新实践外，其技术成果的推广、经验的总结与提升都需要通过教育与教学的紧密配合，使更多人掌握科学知识和劳动技能。人文素养培养个体自我意识和自我能力，促进个体智力的发展；人文素养重视培养个体的兴趣、爱好和想象力，促进其创造力的培养；人文素养通过对个体崇高的人文精神的塑造，培养个体健全人格和道德素养；这些都有利于个体在掌握知识和劳动技能的基础上，创新思维的形成，科学知识的再生产。

3. 人文素养促进劳动生产率的提高

古代生产率靠增加劳动力数量和延长劳动时间，但现代是依靠科学技术在生产中的应用、推广和不断革新，依靠提高劳动者受教育的程度与质量，依靠提高劳动者的素质进而提高劳动者的劳动自觉性、增强创造发明、参与生产管理、个性技术的意愿和能力，提高脑力劳动者的比重、发挥劳动者在生产和改革中的创造性。人文素养通过丰富劳动者的人文知识，重视对个体创造力的培养，完善个体的道德素质，提高劳动生产率，促进社会经济的发展。

4. 人文素养通过弘扬人文知识，培育人文精神为经济活动提供道德和文化基础

社会经济的发展要建立在良好的社会环境的基础上，只有这样才能保证社会经济的长远发展。和谐稳定的社会环境为经济发展源源不断地提供劳动力，为经济发展提供广阔的市场。高素质的国民在一定程度上促进社会稳定，经济发展离不开稳定的社会环境。改革开放以来，中国经济一直处于高速发展时期，这与我国源源不断地提供高素质的劳动力和稳定的社会环境十分不开的。人文素养通过规矩教育、立德教育，培养健全人格，提高整个社会的素养，形成有利于创新人才成长的育人环境，在一定程度上促进高素质人才的培养，促进了社会的和谐稳定，促进了社会经济的健康发展。

综上所述，人文素养通过增强个体智力、创造力的培养、健全人格的塑造，使可能的生产力转变为现实的生产力；提高了广大劳动者的素质，促进劳动生产率的提高；促进科技知识再生产，加快生产力的发展；为社会的经济发展提供了一个稳定的社会环境，促进社会进步和人民生活水平的提高，促进我国经济高质量发展。获得巨大的经济效益，促进经济社会向前发展。中国正在加快实现向经济强国的跨越，这就要求充分发挥人力资源和人才资源开发的长效作用。

（二）人文素养对社会的政治价值

一定性质的教育被一定社会的政治经济制度所决定，又给予一定的政治以伟大的影响作用。社会民主属于政治范畴民主政治是政治现代化的重要标志，现代民主是现代政治的重要组成部分。人文素质教育不仅能为社会政治经济制度培养所需要的人才，还能促进政治民主化进程。

1. 人文素养为政治培养所需人才

通过培养人才来作用于政治，这是教育对政治作用的一个主要方面。自古以来，任何一种政治制度，要想得到实现、巩固和发展，必须有一定的人才作支柱，而这些人才的培养，在很大程度上要依靠学校教育。人文素养弘扬中国古代优秀的文化知识，传播当今世界的主流观点和思想，培养个体道德素质和思想内

涵，增强个体的人际交往能力。这些能力都是我党用人的基本要求，具有较高的人文素养的个体服务于社会，在制定相关的政策法规时，更具人性化，更贴合社会发展和人民的需要，会充分考虑普通民众的利益，真正做到以人为本，不仅可以促进社会发展进步，而且可以提升社会大众的幸福感和安全感。习近平总书记指出："人才培养一定是育人和育才相统一的过程，而育人是本。人无德不立，育人的根本在于立德，这是人才培养的辩证法。"我党的用人标准之所以是德才兼备、以德为先，是因为德是首要、是方向。一个人只有明大德、守公德、严私德，其才方能用得其所。人文素养以树人为核心，以立德为根本，培养德才兼备的人才为政治服务，为人民服务。

2. 人文素养促进民主政治

民主政治是在民主监督下少数派运用公共权力管理社会公共部门和服务公众的行为。民主问题是现代教育和政治关心的核心问题。教育的政治功能的核心就是促进政治民主化。一个国家的政治是否民主，由该国的政体所决定，但与人民的文化水平、教育事业的发展程度也密切相关。

（1）人文素养能够传播真理，启迪人的民主意识

民主意识是人们对于民主的观点和态度的总称。它往往表现为随着社会经济结构的变革或改善而出现的对以往政治的反思和对现实政治的要求，包括对民主的本质、作用的看法，对民主现象的评价和理解，对自己民主权利的认识、掌握和运用。近些年来，我国的民主意识空前发展，主要原因是受教育水平的提高，使得个体有能力建立起民主权利的认识和运用。《中华人民共和国土地改革法》这部宪法经过了人民群众广泛而热烈的讨论。在儒家的文化价值观中，强调君为臣纲，父为子纲，夫为妻纲。在这种文化背景下，政治是掌握在少数人手里，这时候的文化是为统治阶级服务的，是统治阶级维护其统治的特权，这时候文化中是没有民主的意识，自然民众也没有民主的意识。西方社会也是如此，斯巴达作为古希腊最大的农业城邦，实行的是军事寡头独裁，他们崇尚培养骁勇善战的武士，对新生儿实行严格的体检，体检不合格者将被弃于荒野。这种文化和价值观是不尊重人性的，这种背景下的人也是没有民主意识的。文素养教育通过对国内

国外先进思想、文化的传播，给个体带来不一样的文化体验，丰富个体的思想内涵，注重自我的情感体验，重视个体的主体意识和权利意识，启迪主体的民主意识。

（2）人文素养促进个体民主观念的形成

指人民所享有的参与国家事务和社会事务管理或对国事自由发表意见的权利。在我国古代社会，士人崇尚儒家文化以儒家文化作为正统。14 世纪到 17 世纪欧洲的文艺复兴运动开展，民主观念才开始在民众的心中滋生。彼特拉克敢于突破基督教神学的束缚，把人和现实生活看作中心，被誉为"人文主义之父"。达·芬奇是文艺复兴时期的一位文学巨匠，一生创作了 30 多部剧本和许多脍炙人口的诗篇。这些作品深刻地批判了封建道德伦理观念和社会陋习，集中体现了人文主义精神。人文思想的产生，也促使民众开始肯定人的价值和意义，尊重人的尊严，追求人的意志自由和个性自由，崇尚平等、自由、民主，在追求人权民主平等的过程中，促进政治民主化。第一届全国人民代表大会期间，全国有 1.5 亿人民参加讨论，提出 118 万条修改和补充意见。大会根据这些意见，对宪法草案进行了认真的修改，这部宪法充分表达了人民的意志，充分体现了人民大众民主意识的增强。人文素养提高个体认知，更新个体的思想观念，促进个体树立自我理想，追求自我价值，肯定自我价值和尊严，追求自由、民主、平等，保障和行使自己的民主权利。

3. 人文素养通过传播先进的思想、形成舆论作用于一定的政治

人文素养宣传一定阶级和政党的政治纲领、方针、路线和政策是其对政治的基本价值。人文素养通过宣传先进性和科学性人文知识，培养具有创新思想和创新意识的时代新人，来作用于政治。

（1）学校是知识分子和青年学生聚集的地方，师生对社会上的各种主张、思想做出反应，对于具有进步性、符合时代潮流的政治观点和政治变革，进行积极的学习、研究和宣传，扩大其影响，从而促进社会政治进步和变革；对于消极腐败的社会政治理论和观点，进行有效的抵制，不让其在社会上扩散和蔓延。1919 年 5 月 1 日，北京大学的一些学生获悉巴黎和会拒绝中国要求的消息。当

天，学生代表召开紧急会议，决定 1919 年 5 月 3 日在北大法科大礼堂举行全体学生临时大会。1919 年 5 月 3 日晚，北京大学学生举行大会，北京高等师范学校（现北京师范大学）、法政专门学校、高等工业等学校也有代表参加。学生代表发言，情绪激昂，号召大家奋起救国，最后定出四条办法，其中就有第二日齐集天安门示威的计划。5 月 4 日上午，北京高等师范学校与北京大学、中国大学等十三校代表，在法政专门学校开会决议下午在天安门前举行集会和游行示威。他们打出"誓死力争，还我青岛""收回山东权利""拒绝在巴黎和约上签字""废除二十一条""抵制日货""宁肯玉碎，勿为瓦全""外争主权，内除国贼"等口号。从 5 月 4 日开始，北京的学生纷纷罢课，组织演讲、宣传，随后天津、上海、广州、南京、杭州、武汉、济南的学生、工人也给予支持，赢得罢免卖国贼，中国代表拒绝出席巴黎和会。广大群众、市民、工商人士等阶层共同参与的，通过示威游行、请愿、罢工、暴力对抗政府等多种形式进行的爱国运动，是中国人民彻底的反对帝国主义、封建主义的爱国运动，又称"五四风雷"。人文素养通过培养具有先进意识的个体来引起社会舆论，来作用于政治。

（2）学校对于社会政治的决策，即政治路线、方针、政策的确定具有咨询作用，特别是高等学校在这方面的功能更为显著。人文素养通过提升人文知识、人文行为、人文精神，培养具有人文素养的高校人才，这些卓越的人才在政治路线、方针、政策制定时发挥重要的作用。各个高校越来越多的教授在潜心研究学术的同时，投身于国家教育改革和教育管理，发挥自身的专业强项，制定出更加符合社会需要，更加合理，更加具有操作性和可行性的教育政策，促进我国教育事业的发展，更好地解决目前我国教育存在的问题。比如江苏省的课程思政教改项目，通过江苏省各个高校专家教授的努力，取得了巨大的成效，课程思政开始全国推广开来，为全国高校课程思政建设提供了一个蓝本。

总之，人文素养有利于培养社会需要的政治人才，促进民主化政治，传播先进的思想，形成舆论作用于一定的政治。坚持不懈用习近平新时代中国特色社会主义思想铸魂育人，引导学生了解世情国情党情民情，增强对党的创新理论的政治认同、思想认同、情感认同，坚定中国特色社会主义道路自信、理论自信、制度自信、文化自信。

（三）人文素养对社会的文化价值

人类发展史表明，教育从来就是文化世代相传的火炬。任何一个国家、一个民族都是在承前启后，继往开来中走到今天的，世界也是在人类历史各种文化的传承和创造、交流交融中成为今天这个样子的。文化是一个国家，一个民族的灵魂。人文素养，不仅可以传承弘扬思想文化的思想精华和优秀的文明成果，还可以对那些至今仍有借鉴价值的内涵和陈旧的表现形式加以改造，实现文化的传承和创造，推动文化的进步。人文素养大力弘扬以爱国主义为核心的民族精神和以改革创新为核心的时代精神，引导学生深刻理解中华优秀传统文化中讲仁爱、重民本、守诚信、崇正义、尚和合、求大同的思想精华和时代价值，教育引导学生传承中华文脉，富有中国心、饱含中国情、充满中国味。

进入新时代，中国正在建设社会主义文化强国，这就需要人文素养发挥在坚持社会主义核心价值体系、培育和践行社会主义核心价值观中的基础作用，传承和弘扬中华优秀传统文化，吸收人类文明有益成果，不断增强国家文化软实力。进入新时代，中国正在积极推动构建人类命运共同体，这就要需要加强对外交流，促进文明交流互鉴，为创造人类美好未来作出新的更大的贡献。

优秀的传统文化是一个国家、一个民族传承和发展的根本，如果丢掉了，就割断了精神命脉。文化自信是一个国家、一个民族发展中更基本、更深沉、更持久的力量。无论哪一个国家、哪一个民族，如果不珍惜自己的思想文化，丢掉了思想文化的灵魂，这个国家、这个民族是立不起来的。中华民族在几千年历史中创造和延续的中华民族传统文化，是中华民族的根和魂。在漫长的历史进程中，中国人民依靠自己的勤劳、勇敢、智慧，开创了各民族和睦共处的美好家园，培育了历久弥新的优秀文化，形成了独特的价值体系和思想体系。中华民族伟大复兴需要以中华民族文化发展繁荣为条件，教育的发展也需要文化底蕴、文化根基。我们仍然要坚守中华文化立场，传承中华文化基因，从中华民族的辉煌历史和国家发展的伟大成就中汲取精神力量，推动中华优秀传统文化创造性转化、创造性发展，增强文化自信，让中华优秀传统文化成为新时代办好中国特色社会主义的底气。

1. 人文素养具有传递、保存文化的作用

"传递"是指在从时间上来看，不同的社会历史时期或同一社会的不同时期中，人文素养通过对文化的传承、传递来促进个体的身心发展，具有一定的历史继承性，如我国儒家思想代表人物之一孟子对"大丈夫"的人格理想作了描绘："富贵不能淫，威武不能屈，贫贱不能移。"这种崇高的气节和浩然之气影响一代又一代人，对于个体人格方面的塑造是意义重大的。人文素养通过对中国古代、近现代著名人物作品、事迹的弘扬，让我们在学习其优秀品格的同时，对于中国文化博大精深也有了新的感悟。唐代著名诗人刘禹锡的"斯是陋室，惟吾德馨"，借陋室之名，来表达作者高洁傲岸、安贫乐道的情操。人文素养促进传统文化的创造性转化、创新性发展，使得收藏在博物馆里的文化、陈列在广阔大地上的遗产、书写在古籍里的文字都活起来，使中华优秀的传统文化一代代地传承下去。人文素养将人类的精神文化财富内化为个体的精神财富，优秀的文化就找到了最安全且具有再生功能的"保险库"，人文素养也就促进了优秀文化的保存。因此，人文素养促进人民重视传统文化，享受传统文化的滋养，在学习、弘扬传统文化的过程中达到传递和保存文化的功能。

2. 人文素养促进文化传播、交流

"传播"是指文化能够通过教育活动单向地传播出去，比如我国在世界各地开设孔子学院，传播孔子的古典名著及理论思想。"交流"是指文化能够通过教育活动双向进行交融、融合，促进不同国家、民族间的汇合，相互补充，共同进步，比如一些国际学术会议的开展，正是不同国家之间文化的相互交流学习。文化交流，对于双方都是自我超越的过程。人文素养通过弘扬优秀的文化知识，促进文化的传播；通过学习不同国家、不同地区的优秀文化，促进文化跨地域交流。中国的发展离不开世界，世界的繁荣也需要中国。习近平总书记指出，"当今世界，开放融通的潮流滚滚向前。人类社会发展的历史告诉我们，开放带来进步，封闭必然落后。世界已经成为你中有我，我中有你的地球村，各国经济社会发展日益相联系、相互影响，推进互联互通、加快融合发展成为促进共同繁荣发

展的必然选择。"在经济开放的过程中，文化也要开放，弘扬中国传统文化，吸收国外先进文化，保持自身文化的先进性。但是要注重以我为主，兼收并蓄。习近平总书记指出："加强中外人文交流，以我为主，兼收并蓄"。① 我们要虚心学习借鉴人类创造的一切文明成果，但不能妄自菲薄，不能照抄照搬别国的文化。

3. 人文素养促进文化选择、提升

所谓文化的选择，是指为了顺应时代发展的要求，社会文化必须取其精华，弃其糟粕。这就需要对"文化"进行筛选，通过人文素养把经过"筛选"的文化传递给下一代，以促进文化的进步和发展。新时代背景下的人文素养对文化的选择，是文化进步的基础，选择符合社会主义核心价值观、符合个体需求和符合社会进步所需的国内外优秀的思想和文化，促进个体价值观的塑造，促进个体人格完善。人文素养对文化也具有提升的功能。人文素养对于文化的选择意味着价值的取舍和认知意向的转变，从而丰富了文化的整体内涵，提高了文化的整体水平，促进了文化自身的发展和进步。具有较高的人文素养的个体具有较高的文化鉴赏水平，自觉摒弃低俗的文化，选择高质量的文化，通过文化选择来提升文化水平。通过文化选择，我们保存下来具有时代意义和时代价值的文化，符合社会发展和人们需求的文化；摒弃与社会发展相背离，不利于社会进步和个体发展进步的文化，提高文化整体质量。

4. 人文素养促进文化更新、创造

"更新与创造"是指人文素养可以激活文化，不断激发出新的文化内容，焕发文化的生机与活力，做到真正意义上的"活化"文化。文化的更新和创造，必须通过人来完成。

新的文化的形成和产生，离不开具有高度文化涵养和创新精神的个体。人文素养重视培养个体的想象力和创造性，通过前瞻性的思想和观念，培养具有创新精神的人才，来促进文化更新和创造。要充分发挥人文素养在中国特色社会主义文化建设中的作用，激发文化创新创造活力，建设社会主义文化强国。文化创新

---

① 习近平. 习近平谈治国理政：第二卷 ［M］. 北京：外文出版社，2017：313.

创造活力是一个民族创新创造活力的重要组成部分。人文素养大力弘扬中华优秀传统文化，继承革命文化，发展社会主义先进文化，为提高国家文化软实力做更大的贡献。中国传统文化的传承和发展要从中国实际出发，融通中外，立足时代，面向未来，发展具有中国特色，先进的中国文化。中国文化源远流长，经久不衰，其主要原因就是中国文化的不断更新、创造，使其具有时代价值。

文化是一个民族、一个国家生存发展的灵魂，我们国家正在大力弘扬优秀的传统文化同时，也鼓励具有中国特色利国利民的新文化的产生。一个人素养方面的提高是离不开文化的熏陶，一个具有强大文化的国家的繁荣发展，是离不开优秀、先进文化的滋养的。人文素养的高低不仅仅是影响到个人素质、价值观，也会影响到整个国家社会的价值观。大力提升当代年轻人的人文素养，对于国民总体素质的提高和优秀文化的传承和发展都是至关重要的。人文素养通过继承、弘扬中国传统的优秀文化，促进文化的传递和保存；通过加强与别国文化的交流学习，促进文化的传播与交流；通过学习优秀的、具有时代价值的文化，促进文化的选择和提升；通过培养具有创新性、前瞻性的个体实现文化的更新和创造。人文素养对于弘扬中华优秀传统文化具有重要的意义。

（四）人文素养对社会的科技价值

科技的创新依赖于人才的创新，人才的创新无疑是依赖于创新的教育。科学技术在生产中的发展越来越突出，已经成为第一生产力。习近平总书记反复强调，关键核心技术是要不来、买不来、讨不来的。只有把关键核心技术掌握在自己手中，才能真正掌握竞争和发展的主动权，才能从根本上保障国家安全。不能总是依赖他们的科技成果来提高自己的科技水平，更不能成为其他国家的技术附庸，永远跟在别人后面亦步亦趋。人文素养在创新型思维和创新型人才的培养方面是具有促进作用的。

1. 人文素养促进科学知识的再生产

科学知识的生产是直接创造新科学的过程，科学知识的再生产则是将科学生产的主要产品经过合理的加工和编排，传授给更多的人，尤其是传授给新一代人，使他们能充分地掌握前人创造的科学成果，为科学知识再生产打下基础。科学知识的再生产有多种途径，学校教育是科学知识再生产的最主要途径。这是因为学校教育所进行的科学知识再生产，是一种有组织、有计划、高效率的再生产。它在教师的指导下，将前人的科学成果加以合理的编排，通过有效的组织形式，选择最合理的方法，在较短的时间内传授给学习者。未来总是属于年轻人的，拥有一大批创新型青年人才，是国家创新活力之所在，也是科技发展希望之所在。要通过人文素养，使青年人才树立科学精神、培养创新思维、挖掘创新潜能、提高创新能力，在继承前人的基础上不断超越，为实现中华民族的伟大复兴提供源源不断人才支撑。当今世界的综合国力竞争日益激烈，创新型人才培养与争夺成为焦点。因此，人文素养促进科学知识的再生产，其作用一方面在于把前人创造的科学知识加以总结和系统化，一代一代地传下去，实现科学知识的继承与积累；另一方面在于科学的扩大再生产，把前人创造的科学知识传授给新的一代，使他们能站在前人的肩膀上有所发现、有所创新，生产出更新的科学成果。

2. 人文素养促进科学革命和发展

科学革命和科学发展主要依托于具有创新精神的个体。"苟日新，日日新，又日新。"创新是一个民族进步的灵魂，是一个国家兴旺发达的不竭动力，也是中华民族最深沉的民族禀赋。人文素养对增强中华民族创新创造活力、实现中华民族伟大复兴具有决定性意义。发展是第一要务，人才是第一资源，创新是第一动力。人文素养提高劳动者素质，重视科学精神的培养，促进个体创新精神和能力形成。习近平总书记强调："劳动者素质对于一个国家、一个民族发展至关重要。劳动者的知识和才能积累得越多，创造能力就越大。"[①] 面对日趋激烈的国际竞争，一个国家科技发展能否抢占先机、赢得主动，越来越取决国民素质，尤其是广大劳动者的素质。通过培养具有高素质、创新意识和能力的个体来促进科学技术的发展，进而促进科学革命。

时代越是向前，国家对科学知识和卓越人才的渴求就越发强烈。进入新时

---

① 习近平. 决胜全面建成建成小康社会　夺取新时代中国特色社会主义伟大胜利——在中国共产党第十九次全国代表大会上的报告 [M]. 北京：人民出版社 2017：70.

代，中国正加快向创新型国家前列迈进，这就需要一批能够适应和引领未来发展的一代新人，特别是培养集聚大批拔尖创新型人才，加快实现我国整体科技水平从跟跑向并跑、领跑的战略性转变。

人文素养通过提高社会生产力，提高劳动者的素质，提供一个稳定的社会环境，促进社会的经济发展；通过提升政治所需要的人才的素质，促进政治民主，促进社会政治的发展；通过促进文化的传承与保存，促进文化的传播与交流，促进文化的选择与提升，促进文化的更新和创造，来促进社会文化的发展；人文素养通过促进科学技术知识再生产，促进科学革命和发展，促进社会科技向前发展。我们正处于新时代背景下，我们的经济、政治、文化和科技对于社会整体的人文素养提出了更高的要求。社会整体人文素养的提高对于一个国家的发展进步来说是具有重要价值的。

二、人文素养的社会功能

人文素养如何作用于社会的，即是人文素养的社会功能所在。人文素养的社会功能主要是指通过人文素养培养出来个体对于社会进步，社会发展所起的作用。人文素养对社会的功能主要从以下几个方面来阐述。

（一）人文素养具有维持社会稳定的功能

任何社会的稳定都需要一个总体稳定的价值观念和一个基本稳定的社会人群。从古代的传统社会来看，儒家文化和士人绅士集团构成了社会稳定的要素。当代，社会主义核心价值观和知识群体构成了社会稳定的要素。每一个社会都有建立在不同政治、经济模式基础上的主流和核心价值观。到了当代社会，儒家思想已经远远落后，但是其中的人文知识还是具有一定的价值，比如针对道德知识和道德行为，孔子要求"身体力行"他强调的是道德的行动，将道德修养付诸时间，"言必行，行必果"且要言行一致。要"讷于言而敏于行"，反对"言过其行"人文素养通过确立统一的价值观念，培养高素质的劳动人才，促进社会的稳定，具有维系社会稳定的功能。人文素养通过以文化人，把社会主义核心价值观融入社会发展的各个方面，转化为人们的情感认同和行为习惯，提高国民素质，促进社会和谐稳定。人文素养维系社会政治稳定的功能主要体现在两个方面。

1. 人文素养弘扬统一的价值观念，促进社会的稳定

人文素养具有教化人性的功能。新时代人文素养承担着弘扬中国精神的使命。中国精神就是以爱国主义为核心的民族精神和以改革创新为核心的时代精神。习近平总书记明确指出："社会主义核心价值观是当代中国精神的集中体现，凝结着全体人民共同的价值追求"。① 社会主义核心价值观其实就是一种德，既是个人的德，也是一种大德，是国家的德、社会的德。社会主义核心价值观是立国之基，是民族之魂。核心价值观承载着一个民族、一个国家的精神追求，体现着一个社会评价是非曲直的价值标准。社会主义核心价值观的生命力、凝聚力、感召力影响着我国文化的软实力。人文素养通过社会道德规范和准则的确立，提高社会大众的道德认识水平，提升社会大众的道德水平，以促进社会的和谐稳定。这是人文素养维系社会稳定功能的突出表现。人文素养宣传先进模范，营造崇尚英雄，学习英雄，捍卫英雄，关爱英雄的浓厚氛围，点燃学生对于真善美的向往，使社会主义核心价值观润物细无声地浸润学生们的心田，转化为日常行为。"建国君民、教学为先"。从历史发展角度看，任何国家、任何社会，其维护社会统治、维系政治稳定的基本途径无一不是通过教育。当代社会的人文素养通过对社会主义核心价值观的弘扬，将社会主义核心价值观融入社会发展的各个方面，转化为人们的情感认同和行为习惯，促进个体价值观和道德素养的塑造，提升国民素质，促进社会稳定。

2. 人文素养提高政治人才的德行，促进社会的稳定

政治人才是指社会各个部门、各个领域的领导者与管理者。人文素养通过培养具有高度社会责任感、高素质的社会政治人才作用于政治，制定有利于国内民生的政策，提高民众的生活水平和幸福感，促进社会的发展与稳定。做人做事第

---

① 习近平. 青年要自觉践行社会主义核心价值观——在北京大学师生座谈会上的讲话 [J]. 中国民族教育, 2014 (6): 4.

一位的是崇德修身。做人是做学问、干事业的前提。德是做人的基础。青年人没有崇高的理想和品质，知识掌握再多也无法成为优秀的人才。习近平同志在浙江工作期间就提出："人而无德，行之不远。没有良好的道德品质和思想修养，即使有丰富的知识、高深的学问，也难成大器。"[①] "才者，德之资也；德者，才之帅也。"中华优秀传统文化尤其强调品德修养之于个体成长成才的重要意义，注重以德领才，以德蕴才，以德润才。近年来，高校的毕业生有一部分是致力于成为一名优秀的国家公务员，愿意为国家的发展建设贡献自己的聪明才智，愿意深入基层为人民服务，愿意在习近平新时代中国特色社会主义建设的伟大事业中建功立业，实现人生价值。习近平总书记明确要求广大的党员干部必须带头学习和弘扬社会主义核心价值观，用自己的模范行为和高尚人格感召群众，带动群众，建立和规范一些礼仪制度，组织开展形式多样的纪念庆典活动，传播主流价值，增强人们的认同感和归属感。近些年来，在中国大地上，你可以看到很多的大学生村官为祖国的扶贫事业奉献出自己的青春，甚至奉献出自己的生命。他们身体力行，真正做到了为人民服务，最大程度实现了自己的人生价值。青年学生将自己的爱国之情，强国之志，报国之行在扶贫事业中完全展现出来。任何一种政治制度，要想得到实现、巩固和发展，必须有相应的人才作为支撑，而这些人才的培养不仅要通过文化知识教育帮助个体相应的科学知识，还需要人文素养加强个体的爱国情操和职业素养。

(二) 人文素养具有促进社会变迁的功能

人文素养具有促进社会变迁的功能。社会变迁泛指任何社会现象的变更。内容包括社会的一切宏观和微观的变迁，社会纵向的前进和后退，社会横向的分化和整合，社会结构的常态和异态变迁，社会的量变和质变，社会关系、生活方式、行为规范、价值观念的变化等。社会变迁是社会的发展、进步、停滞、倒退等一切现象和过程的总和。社会变迁既包含社会的进步和退步，又包括社会的流动和固化，还包括社会的整合和解体。当今世界的综合国力竞争，说到底是人才

[①] 习近平. 干在实处 走在前列——推进浙江新发展的思考与实践 [M]. 北京：中共中央党校出版社，2006：304.

竞争，国之命脉，在于人才。习近平总书记指出，人才是衡量一个国家综合国力的重要指标，也是实现民族振兴、赢得国际主动的战略资源。人才济济，人尽其才，是大国、强国应有之气象，也是一个国家长盛不衰的重要支撑。人文素养的社会功能主要体现在推动社会发展、促进社会流动、促进社会整合的功能。

1. 人文素养具有推动社会发展的功能

人文素养的社会发展功能是人文素养教育培养的人才对于社会发展的促进作用，主要表现在人文素养为社会发展提供高素质的人才支撑；为社会发展提供创新动力。人文素养通过培养具有不同特性、高素质的个体，满足各行各业对人才素质的需求，促进社会的发展。

（1）人文素养为社会发展提供高素质的人才支撑

新时代背景下的人文素养提高人才素质和质量，努力形成有利于创新人才成长所需的育人环境，培养时代需要的数以亿计的高素质人才，促进社生产力的发展。新时代背景下的人文素养通过培养具有创新精神和实践能力的人才，促进科技的进步和发展。新时代背景下的人文素养通过提高各类人才的职业素质和能力，促进社会经济的发展。新时代背景下的人文素养通过培养高素质、高能力的政治人才促进社会的发展。新时代背景下的人文素养通过所培养的具有较高水平的实践主体来促进社会生活各个领域的发展，从而促进社会的发展。

（2）人文素养为社会发展提供创新动力

人文素养促进创新型人才的培养，人才越来越成为推动经济社会发展的战略性资源。创新成果的产生、科学技术的研发、科学技术在生产上的应用、社会大规模与高水平发展、民族振兴和社会进步，都离不开创新型人才。纵观人类发展历史，创新能力始终是一个国家保持强盛的重要力量。社会主义建设者和接班人一定要勇于创新创造。时代总是不断发展变化的，生活也在发生巨大的变化，青年要用新理念、新知识、新本领去适应新时代，创造新生活。中国共产党从来都把青年看作是祖国的未来，民族的希望，从来都把青年作为党和人民事业发展的生力军，从来都支持青年在人民的伟大奋斗中实现自己的人生理想。提升青年一代的人文素养，提升青年一代的创新创造能力对于一个国家、一个民族的发展至关重要。1840 年前后，英国的大机器生产基本上取代了传统的工厂手工业，工业革命基本完成。英国成为世界上第一个工业国家。18 世纪末，工业革命逐渐从英国向西欧大陆和北美传播。清政府还沉醉在"天朝上国，物产丰盈，本不必与外夷互通有无"的美梦中。清政府大兴闭关锁国政策，阻碍了中国吸收先进的科技文化知识，致使中国与世隔绝，导致中国落后于世界。落后就要挨打，落后就意味着软弱，我们经受过国家落后于人的血的教训。在革命年代，广大青年满怀革命理想，为争取民族独立、人民解放冲锋陷阵、抛洒热血。在社会主义革命和建设时期，广大青年响应党的号召，向困难进军，向荒原进军，保卫祖国，建设祖国，在祖国的广阔天地忘我劳动、艰苦创业。在改革开放时期，广大青年发出团结起来、振兴中华的时代强音，为祖国的繁荣富强开拓奋进、锐意创新。

2. 人文素养具有促进社会流动的功能

人文素养的社会流动功能就是所培养的社会实践主体，通过人文素养培养和提高个人能动性、创造性，以实现在职业岗位和社会层次之间的流动和转换，它指向的主要是社会个体的生存与发展境遇的改善。人文素养打开人民的眼界，祛除死板、僵化、落后的思想，帮助人民灵活、能动地适应社会。当今社会，科技、经济日新月异，一味地墨守成规、故步自封只会被社会淘汰。我们必须拥有不断学习新知识、新技术的心境和能力，这样我们才能更好地适应社会，更好地为社会主义建设贡献自己的力量，更好地实现人生价值。习近平总书记强调，要把学习作为一种精神追求，一种爱好，一种健康的生活方式，做到自觉学习、主动学习、终身学习，推动我国成为学习强国、人力资源强国和人才强国。人文素养鼓励个体树立远大的目标，促进个体形成坚韧、勇敢、自信、积极进取品质的形成，踊跃学习新知识，增长新本领，提高思想道德素质和科学文化素质，培养综合能力和创新思维，获得自身发展、奉献社会、造福人民的能力，从而促进社会的流动。

（1）人文素养促进社会水平流动

个人或群体在同一阶层内不同职业或职位之间的变动过程，是个体谋求自我完善的途径，是社会优化人才配置、取得协调发展的重要机制。人文素养通过增强个体的社会适应能力、人际交往能力和创新能力，给个体的全方面多方位的发展提供了可能性。社会不是一成不变，社会在变化的同时，对于人才提出了更高水平的要求，新时代的人才要有良好的学习能力。在我国古代，社会底层的农民世代都是以种地为生，社会水平流动的情况比较少。中华人民共和国成立初期，社会岗位比较固定，大多数农民还是以种地为生，当前社会，随着人民受教育程度的增高，生活在农村的居民选择性也大大增加，一方面是因为社会经济的发展；另一方面也是人民对于新知识和新事物的接受能力、学习能力大大提高，有利于社会的流动。岗位多种多样，对于人才的要求也更高，仅有单一方面的能力不能很好适应社会的变化，也不能应对工作生活中出现的突发状况。人文素养通过促进个体智力发展，激发个体勇敢于奋斗的精神，锻炼个体的意志，来增强个体的社会适应能力，促进个体形成追求自我完善、自我进步的意识，促进社会流动。

（2）人文素养促进社会垂直流动

垂直流动是指个人或群体在不同阶层之间的向上或向下流动。向上流动亦称"上升流动"，指由较低向较高社会位置的移动。在传统社会，出身、种族、家庭背景、父母社会地位是向上流动的必要条件；在现代社会，个人的教育程度、潜在才能、竞争力等主体因素上升至重要地位，其中教育程度的高低起关键作用。在我国古代社会，王公贵族的子女依旧处于社会的顶层，大地主的子女仍然是地主，农民想翻身成为地主或成为贵族，机会是很渺茫的。在当代社会，无数平民子弟通过读书、通过不懈奋斗，在社会中实现了垂直流动。从 1949 年开始我国有 5.4 亿人，其中农村人口占比 89.36%；2021 年 5 月 11 日，第七次全国人口普查主要数据公布，居住在城镇的人口为 90199 万人，占 63.89%；居住在乡村的人口为 50979 万人，占 36.11%。由此可知，随着社会经济的发展，受教育能力的提高，自我意识的发展，社会垂直方向的流动能力是显著增强的，社会流动能力的增强也极大促进了社会稳定，激发人民追求更好的方向发展。美国社会固化比较严重，社会底层的孩子往往接触不到好的教育资源，导致在择业方面具有很大的被动性，不利于健康就业环境的形成，导致社会就业人员被动就业或者不就业，严重阻碍了社会的进步，危害了社会的稳定。当前社会，要实现社会阶层的流动，个人的出身、种族、家庭背景不再是决定性因素，个体对成功的渴望、坚强的意志、不懈的奋斗、勇敢的品质、迎难而上的勇气等主观因素才是社会流动的决定性因素。人文素养促进个体理想信念的形成，促进个人追求的自我实现，促进自我价值的实现，培育个体良好的心性，有利于个体成长成才。

3. 人文素养具有促进社会整合的功能

社会整合是指社会不同的因素、部分结合为一个协调统一的社会整体的过程，亦称社会一体化。它是与社会分化相对应的社会学范畴。社会整合的可能性在于人们共同的利益以及在广义上对人们发挥控制、制约作用的文化、制度、价值观念和各种社会规范。社会整合包括以下内容：①文化整合；②规范整合；③体系整合；④民族融合。通过社会整合，使社会体系中既互相独立又互相联系的各个部分之间互相顺应，形成均衡状态。如果社会缺乏整合，社会矛盾就会日益尖锐，甚至出现社会动乱。

（1）人文素养促进社会文化整合

文化整合，是指不同文化相互吸收、融和、调整而趋于一体化的过程。文化整合是一个漫长的过程，需要长期的对比选择和体验吸收，逐渐实现融合。人文素养通过传播少数民族遗留下来的优秀历史文化及优良品格，促使青年学生理解、包容、学习少数民族文化，尊重少数民族文化，促进不同民族文化的大融合和民族的大融合，丰富和发展中国文化的内涵，增强中国文化的民族色彩。人文素养通过弘扬社会主义核心价值观，促使少数民族的青年学生形成正确人生观、价值观和家国观，促进社会发展，促进国家稳定繁荣。文化整合促进价值观的统一，促进国家的统一。人文主义在促进文化整合的同时，也在促进各民族的融合，这对社会的稳定发展具有重要的意义。

（2）人文素养促进社会规范整合

社会规范整合是指不同地区民族的社会道德准则和社会道德行为相互借鉴、融合、适应的过程。不同国家和地区的社会道德和行为规范不同，都各有其优缺点，不同国家民族要相互学习，借鉴其优点，改善自身的不足，从而使得本地区的社会规范和要求更加符合当地社会的经济发展，更加符合当地的文化风俗习惯，更加符合当地人民的需要。新时代背景下，我们对于社会大众提出了更高的要求，不仅要求其社会行为符合社会道德和规范，同时还要强调其社会义务的履行程度，只懂得行使社会权利，不履行相应的社会义务也会被社会唾弃。北大中文系钱理群教授曾经说过："我们的一些大学，包括北京大学，正在培养一些'精致的利己主义者'，他们高智商，世俗，老道，善于表演，懂得配合，更善于利用体制达到自己的目的。这种人一旦掌握权力，比一般的贪官污吏危害更大"。①人文素养在提高个体的道德规范，塑造完美人格的同时，对于提高整个社会的道德水平是有促进作用的，我们要培养的社会主义建设者，不仅要高智商，更重要的是高素质，高能力。人文素养通过弘扬不同地区优秀的道德文化，提高个体的认识水平，提高个体的道德行为水平，促进全社会道德水平的提高，促进社会道德观念的升级和优化。

（3）人文素养促进社会体系整合

社会体系是指社会各要素通过相互作用而形成的较稳定的、有组织且相互联系的复杂整体，强调各种社会现象的彼此依赖和交互作用。社会体系整合是指互相独立又互相联系的各个部分之间互相顺应，形成均衡状态，其作用在于帮助个体形成一种关于个人和集体行为间的相互联系的观点，使个体能注意到一般人不容易看到的关系，如军事、政治、经济，以及文化、教育、生活之间彼此影响的关系。人文素养通过传播政治、历史、文化、法律、艺术知识，丰富个体的知识种类，扩大个体的知识面，提升个体的综合素养，有助于个体更好地认识和理解各种社会现象之间的关系，明确社会体系之间的关系，促进社会的适应能力，增强社会生活的幸福感。

（4）人文素养促进民族融合

人文素养所倡导的是各民族一律平等，尊重各民族的传统节日，尊重各民族的传统文化和风俗习惯，保障少数民族的利益。中国是统一的多民族国家，1949年以来，把坚持各民族平等团结和各民族共同繁荣发展作为解决民族问题和处理

---

① 唐智，兰娟. 大学生"精致利己主义者"现象审视及其应对 [J]. 高校辅导员学刊，2017，9（3）：4.

民族关系的基本原则，并确定在少数民族聚居地方实行民族区域自治制度。我国的民族政策一直是各民族一律平等，无论是社会地位还是人权方面，都要求一律平等。新时代背景下，我们需要对新时代的新青年加强人文素养，加强各民族团结，增强各民族的家国情怀，维护好民族团结，维护社会稳定，不给企图分裂祖国的极端分子可乘之机。

党的十九大指出，新时代是我国日益走近世界舞台中央、不断为人类作出更大贡献的时代。作为新时代的社会主义建设者和接班人，不仅要有中国情怀，而且要有世界眼光和国际视野，不仅能肩负建设祖国的使命，而且能承担起为世界、为人类作贡献的责任。

人文素养促进个体人格的完善，增强个体的文化底蕴，促进个体树立家国情怀，促进个体拥有良好的专业伦理，促进个体创新精神和创新能力的形成，有利于个体德智体美劳全面发展。人文素养对个体成长成才的作用是不容忽略的，学校尤其是各个高校应该重视对青年学生的人文素养，使得青年成为新时代中国特色社会主义的建设者和接班人。

第三章 师范生人文素养诉求

育人之本，在于立德铸魂。中国特色社会主义进入新时代，即将迈向建设社会主义现代化国家新征程，国家的伟大事业需要社会培养更多德才兼备的人才。教育大计，重在教师，一方面大学生人文素养教育，是高校落实立德树人根本任务的重要举措；另一方面作为未来的准教师工作者，新时代高校师范生的培养质量关乎国家和民族的未来教育方向。因此立足新时代师范生人文素养，明晰师范生人文素养诉求，为高校制定人文素养培育目标和实施途径提供一些参考。

第一节 科学合理的知识结构

知识结构是指一个人的知识构成状况，即掌握知识的相互比例、相互联系、相互协调、相互作用及其形成的整体功能。知识结构一般分为三个不同层次：即基础层次、中间层次和最高层次。基础层次是指必备的各种基础知识、人文科学知识，包括数学、物理、化学、历史、地理、生物、语文、外语、电脑、经济、政治、哲学、艺术、心理学、市场学等。这些知识不仅是将来的专业创造所必需，而且是适应时代发展所不可缺少的。中间层次是一般的、系统的专业基本理论知识、专业基本技能及专业相关知识等，它因专业而异，但侧重于知识数量的丰富性，它是创造型人才专业上得到发展投入创造的基础和前提。最高层次则指专业上的最新成果、专门见解、学科边缘、攻坚方向、研究动态或自己独具特色的专业知识等。①

---

① 马明华，涂争鸣. 高校人文素质教育论［M］. 广州：华南理工大学出版社，2010：46.

一、知识结构模型

人在受教育的过程中逐渐开发自身潜能，成长为社会需要的各级各类人才，人才的发展过程也是构建知识结构的过程，大学教育便是使人的潜能和后天教育相结合的过程，现代学术界根据一定的规则把人才的知识结构划分为以下几种。

（一）宝塔型

宝塔型知识结构，字如其行，如宝塔形状一般。包括基础理论知识、专业基础知识、专业知识、学科知识以及学科前沿知识几个部分。基础理论和基础知识为基础，即宝塔底部；学科前沿知识为宝塔顶端。宝塔型知识强调基础理论知识的重要性，观点是打牢基础知识基础有利于更快接触前沿知识。

（二）蛛网型

蜘蛛网型的知识结构主要特点是以自己所学专业知识为核心，并连接其他与所学专业相近的，对所学专业有很大积极影响的知识，形成网状结构，知识面宽，但不专。所学专业就是这个网的中心部分，其他连接部分与其相结合形成的网状结构具有很大的适应性。首先，蛛网型知识结构强调知识广度和深度的统一。其次，蛛网型知识结构的人才属于复合型人才，在当今社会比较符合用人单位的期望。

（三）T型

T型知识结构就是指不仅在一个专业上有很深的研究，同时在其他领域也有所涉猎。也就是说既重视知识的深度，也重视知识的广度，一方面在某一方面有很深造诣，另一方面又比较博学。这种结构的特点是基础课扎实、宽厚，专业课、专业方向课也突出，所以知识面宽且专精。具有这种知识结构的人才是一个"多面专家"，可以称之为通才的静态结构。

（四）幕帘型

幕帘型知识结构指的是一个具体的社会组织对其组织成员在结构上有一个总的要求，而作为该组织的个体成员，将依其在组织中所处的层次，在知识结构上又存在一些差异。以一个企业为例，企业对其成员的整体知识结构要求是，具有财会、安全、商业、保险、管理等知识。而对企业中处于不同层次的个人来说，要求掌握上述知识的比例是截然不同的，从而组成各自不同的知识结构。这种知识结构强调个体知识结构与组织整体知识结构的有机结合，它对于求职者的启示是，在求职择业的过程中，不但要注意所选职业类型在整体上对求职者的知识结构的要求，同时还要了解所选职业岗位在社会组织中的位置及具体层次，以此来调整自己的知识结构，增强就业后的适应性。

二、教师专业知识结构

百年大计，教育为本。教育大计，教师为重。新时代教育发展对教师提出了更高的要求，师范生是未来教育的准教师。明晰新时代师范生人文素养诉求也应该考虑新时代教师专业知识结构内容。

（一）从知识功能角度看

从 20 世纪 90 年代开始，国内学者开始关注教师的专业知识结构。学术界比较认可的是辛涛等人从知识的功能这个角度出发把教师专业知识结构分成了本体性知识、条件性知识、实践性知识和文化知识四种。[①] 本体型知识指的是教师所具备的所教学科的知识，比如数学知识。条件性知识指的是作为教师所必须具备的教育学和心理学知识。实践性知识指的是教师在实施教育的过程前所应该具有的课堂情景以及相关知识。文化知识则指的是教师除具备上述三种知识以外还需具备的广泛的通识知识。

（二）从教师资格考试角度看

当前中小学教师资格考试也对教师应该具备的知识进行了划分，从国考角度来看，以幼儿园教师资格考试为例，新教师资格考试笔试部分包括《综合素质》和《保教知识与能力》，面试则包括备课、试讲和回答问题，比较注重学生的专

[①] 辛涛，申继亮，林崇德. 从教师的知识结构看师范教育的改革 [J]. 高等师范教育研究，1999（6）：12-17.

业能力和综合素质。综合素质考察学生的职业理念、教育法律法规、教师职业道德规范、文化素养以及基本能力等内容。保教知识与能力部分主要考查考生的教育学、心理学、班级管理、德育工作等内容。主要检测考生对教育学心理学的理解以及对现实问题的解决能力。不管笔试还是面试，新教师资格考试凸显了考察综合素质的取向、体现了对知识考察的系统性。这就提示申请入职者从多方面、多角度学习和领会幼儿教师职业所应具备的综合素质，也指导各高校学前教育专业在制定培养目标、设置课程和课程实施与评价过程中要注意学生综合素质的培养。

（三）从课程标准看

以幼儿园课程标准为例，《3-6 岁儿童发展指南》从健康、语言、社会、科学、艺术五个领域描述幼儿的学习与发展。以为幼儿的后续发展和良好素质为目标，以促进幼儿身心全面协调发展为核心，为幼儿园教育提供指导。[①]《幼儿园工作规程》对幼儿园的教育提出了一些原则和要求。首先，幼儿园的教育是德智体美相互渗透，互相结合的；其次，幼儿园教育是以游戏为基本活动，面向全体幼儿，对幼儿园进行启发引导的正面教育；最后，幼儿园教育是遵循幼儿身心发展特征，综合健康、语言、社会、科学和艺术五大领域内容，以各种教育手段促进幼儿的健康发展。[②]

教师专业标准是国家对教师专业素质的基本要求，也是各师范院校培养学生的引领和指导。以幼儿园教师为例，《幼儿园教师专业标准》对教师提出四个明确基本理念要求，即师德为先、幼儿为本、能力为重和终身学习。在内容上主要包括专业理念与师德、专业知识和专业能力三个部分，其中专业理念与师德主要包含职业理解与认识、对幼儿的态度与行为、幼儿保育和教育的态度与行为和个人修养与行为四个领域；专业知识包含幼儿发展知识、幼儿保育与教育知识和通

---

① 中华人民共和国教育部. 教育部关于印发《3-6 岁儿童学习与发展指南》的通知［EB/OL］.（2012-10-09）. http：//www. moe. gov. cn/srcsite/A06/s3327/201210/t20121009_ 143254. html.
② 中华人民共和国教育部. 幼儿园工作规程［EB/OL］.（2016-03-01）. http：//www. moe. gov. cn/src-site/A02/s5911/moe_ 621/201602/t20160229_ 231184. html.

识性知识三个方面；专业能力方面主要有环境的创设与利用、一日生活的组织与保育、游戏活动的支持与引导、教育活动的计划与实施、激励与评价、沟通与合作和反思与发展，对教师的各项能力提出了具体要求。①

三、合理的知识结构特征

新时代师范生必须具备合理的知识结构，合理的知识结构一般包括一定的基础理论知识、较深厚的专业知识、广泛的邻近新学科知识及有关方面的科学技术发展状况的前沿知识。合理的知识结构具有相应的结构特征，主要有以下几个特点。

（一）知识的多功能性

合理的知识结构不仅包含着专业知识，还有其他相邻多方面、多类型的知识，这些各类型的知识之间存在内在的逻辑关系，因此知识功能单位容量越大，知识之间的思维跨度也越大，思维跨度和思维跳跃性直接相关，思维跳跃性强的人其创造性的想法越多，创造力越强。

（二）知识的动态性

良好的知识结构不仅是多维的，而且是不断变动的、发展的。一方面，处于头脑中知识结构的知识是一个有机的整体；另一方面，在个体的实践和认知过程中，与客观外界双向交换，因而对知识是不断地耗散，不断地更替。知识结构在不断地重新组合，思维越活跃的个体，这种动态性就越强。

（三）知识的互补性

对基本层次结构上的知识，进行纵向的层次性结合：对专业知识和邻近学科知识，进行横向的互补性结合。从宏观上看，尤其重视人文科学和自然科学两大知识领域的互补结构，更有利于扩散性思维的实现。

---

① 中华人民共和国教育部 . 幼儿园教师专业标准（试行）　[EB/OL] . （2012 - 09 - 13）. http：// www. moe. gov. cn/srcsite/A10/s6991/201209/t20120913_ 145603. html.

（四）理论与实践相结合

正式知识与非正式知识渗透结合。个体头脑中的知识（信息）有来自他人、前人的理论性的知识和来自自身实践经验的积累和提升两大方面，也就是理论知识和经验知识。这里我们用正式知识与非正式知识加以概括和区分。创新思维要求这两方面的知识要合理结合、互相渗透，过于倾斜一方都是有缺陷的。这不仅是因为正式知识是一般性的、宏观的较多，而非正式知识较具体、微观性的较多，只有两者结合，才是合理的知识结构。而且更重要的是，人脑接受正式知识与非正式知识有不同的感受和反应，因而两者在思维的作用发挥上是有所不同的，相互既通融结合，又有不可替代的方面。因此，创新思维要求人们不但要善于总结经验，而且要善于学习正式知识。只有学好一般理论知识，才能总结好经验；非正式知识不仅丰富了理论认识，使理论知识在头脑中"消化"，真正转化为内在的观念认识，而且往往是创新思维的启动点、激发点。

（五）程序性知识占优势

头脑中程序性比陈述性知识更多，程序性知识占优势。陈述性知识只告诉人们一个事物是什么，往往就事论事，而程序性知识则只要求明确条件和线索。程序性知识是创造力的重要成分，这是由程序性知识的性质、获得、表征和再现决定的。从性质来看，程序性知识即"关于怎么办"的知识，是问题解决的核心知识，它体现着一个人的创造能力；从获得来看，程序性知识是在陈述性知识的基础上内化、转化而来的，是陈述性知识的升华；从表征来看，程序性知识是以产生式或产生式系统表征的，具有灵活而快速反应的特征，它能加速问题的解决，而且由于它具有最大的、普遍的迁移性质，它能为进行创造性活动提供基础；从现象看，程序性知识是凭借外部条件而进行反应活动的知识，而且这种反应具有快速、独特、灵敏、灵活迁移等特征，充分体现了创造活动的基本特点。

第二节　逐步提升的学习能力

任何的学习活动都不可能凭空产生，都需要建立在一定的条件基础上而发生，这个条件可能是生理因素、心理因素，也可能是社会环境因素。学习能力是指个体从事学习活动所需具备的心理特征，也是学习人文素质教育的必要心理条件，新时代师范生人文素养更应该具备逐渐提升、逐步完善的学习能力。

一、学习能力

学习能力是顺利完成学习活动的各种能力的组合，包括感知观察能力、记忆能力、阅读能力、解决问题能力等。其一是指已经表现出来的实际学习能力和已经达到的某种熟练程度。如某位学生是否能解答某一类应用题，以及解答这类应用题所需要的时间长短。这种能力是很容易了解和测验的。通常学校的考试测试的都是这种能力。① 其二是指潜在的学习能力，它是一种尚未表现出来的心理能量，但通过学习和训练可能发展起来成为实际学习能力和可能达到的某种熟练程度。这种能力不如实际学习能力那么容易体现和测验，但它仍然是可以测量的。一般而言，学习能力高低与种系演化密切相关，种系演化越高，其学习能力越强。在教育环境下，学习能力的发展与教学过程相辅相成。从学习能力的角度来说，大学生人文素质教育效果的好坏主要受到两种学习能力的影响：一般学习能力和专业学习能力。

（一）一般学习能力

一般学习能力是指学生从事各种学习活动所必须具备的能力条件，包括影响一般学习活动的非智力因素、智力因素和策略因素。它是进行各种学习活动的基本心理条件，一般能力、特殊能力和创造力都包含在其中。它是在个体的学习活动中形成和发展起来的一种能力。有学者认为一般学习能力一般包含观察力、注

---

① 林崇德，俞国良，李辉．中国独生子女教育百科［M］．杭州：浙江人民出版社，1999：20.

意力、记忆、思维能力、想象力、语言表达能力、创造力、感觉统合能力、理解力和运算能力十大因素。

（二）专业学习能力

专业学习能力，也可以称之为学科学习能力，是指学生学习某个专业或学科所需要的特殊能力、学习动力和学习策略。它是学生在专业或学科学习中形成和发展起来的、对专业学习活动产生重要影响的一种心理条件。学生通过学校学习最终要发展出学习每个专业或学科所必须具备的某些特殊能力。专业学习能力既是学生进行专业学习的必要条件，也是学生将来从事专业实践的必要条件。

二、新时代师范生的学习能力

人的学习能力对一个人后续发展有直接作用，新时代背景下师范生的学习能力关乎师范生的教育效果，也对未来教师的素质和质量有很大影响。

（一）新时代对师范生学习能力的要求

时代和社会的进步发展，科技和知识也在不断更新中，在教学中如何提升教学手段，更新教学内容和方式对教师提出了更高要求。新时代背景下，高校师范生作为未来的准教师们，应该跟随时代的发展，逐步提升自身的学习能力，才能在竞争中胜出，才能更好承担起育人的重任。学习能力的提高过程就是使学生从"不会学习"逐渐过渡到"会学习"的过程。有人把这个过程称之为学习策略和技能的习得过程，主要有知识的获得与应用能力、自我控制、学习资源的管理与应用三个方面。知识的获得与应用能力是指大学生运用科学的学习策略和学习方法独立地获取、加工、提取、处理所学的学科信息，分析和解决实际问题的能力。[①] 自我控制能力是学生对自己认知活动的自我体验、自我调节和监控，不断评价学习过程，并能适时进行调整，选择恰当的方法，以保证学习任务的完成。学习资源的管理与应用能力即学生在管理和应用学习资源方面所体现出来的策略和技能。这主要是指学习者如何管理和应用与学习有关的主观资源（学习精力、

---

① 王珍，宫雪. 大学生学习能力及其培养［J］. 天津职业技术师范学院学报，2004（6）：45.

学习动力、学习行为习惯等）、客观资源（学习时间、学习环境、信息资源、人际资源等）。

（二）新时代师范生学习能力现状

新时代大学生学习能力现状还存在很多的问题，有研究者对高校师范生进行调查发现，师范生的学习能力还有待提升。具体研究表明，首先，大学生的自我控制能力较差，学习的功利性较强，部分高校学生学习不在平时下功夫，而是喜欢考前突击，没有主动探索课堂重点难点，却依赖教师划重点，自制力差。其次，部分学生资源整合和利用的能力不足。新时代需要的人才是能积极适应社会，学会学习，学会开发利用资源的人。高校图书馆是资源收集的重要平台，但现实中大学生进入图书馆搜集资料，自主学习探讨的次数很少；网络也是非常好的学习平台，然而部分学生却没有发挥网络学习作用，上网仅是娱乐交流。还有部分学生对学习不感兴趣，自主学习能力严重缺乏。大学生的学习能力如果比较强，能够主动进行学习，那么接受人文素养教育学习活动也会有积极有效的成果，如学习能力较弱则直接影响到人文素养的学习活动。

三、人文素养和学习能力关系

（一）学习能力是学习人文素养的必要条件

有学者认为个体从事人文素质内容学习活动，至少需要三类心理成分：非智力因素、智力因素和策略因素。我们把学生能顺利有效地完成人文素质教育活动所必须具备的智力因素、非智力因素和策略因素，称作学生的学习能力。对于大学生来讲，能顺利有效地完成学习活动所必须具备的智力因素，非智力因素和策略因素，就可以称为大学生学习能力。大学生学习能力是大学生有效学习人文素质教育内容的必要条件之一。

（二）学习能力增强有助于提升其人文素养

现代教育理论提倡以学生为中心，强调学生"学"的主动性，教师的作用体现在组织、指导、帮助和促进学生的学习，充分发挥学生的主动性、积极性和创造性，从而使学生最有效地进行学习，达到最优的教学效果。引导学生自主学习，提高学生的学习能力，教师要在教学中创设民主、宽松、和谐融洽的教学气氛，鼓励学生大胆质疑，乐于思考。学习能力的提高有助于学生进行人文素养的学习活动，能快速接受吸收，把人文素养内容逐渐内化为自身的素养。

第三节　积极主动的心理状态

人文素养教育活动作为一种复杂的学习活动，不仅需要注意、记忆、认知等能力的参与，更需要较好的心理素质来支撑。主动积极的心理状态能够帮助师范生对于良好知识结构的掌握。

一、心理状态内涵

心理活动的某种暂时性的状态。苏联心理学家列维托夫对心理状态的问题进行了长期的研究，提出了比较完整的关于心理状态的理论。他指出，心理学的基本范畴应包括心理过程、心理状态和个性心理特征。所谓心理状态，乃是"心理活动在某一定时间内的完整的特征"。它有两个根本特征：一是具有完整的状态，即由许多心理过程构成的一个完整的整体；二是具有时间上的特征，即心理状态都占有或长或短的时间。但它不像心理过程那样具有高度的流动性和变化性，也不像个性心理特征那样稳定和持续。心理状态在心理生活中占有重要的地位，与心理过程和个性心理特征之间有着紧密的联系。它是由心理过程到个性心理特征之间的运动变化的中间环节。个性心理特征通过心理状态调节心理过程的进行，而心理过程的变化则通过心理状态的改变而导致个性特征的发展。①

二、心理状态对人文素养的影响

人的心理状态能反映出学习者进行学习活动时的身心特征、心理发展的水平以及直接影响学习者学习活动的效果和效率。人的心理状态会受到主观和客观不

---

① 车文博．心理咨询大百科全书［M］．杭州：浙江科学技术出版社，2001：20.

同因素的影响，主观因素表现为个体特征、情绪、学习动机等。客观因素有学习内容、环境等。心理状态受到不同影响因素作用后在行为上外显为某种表现为倾向，对人从事学习和工作中有明显的导向作用。一般来说心理状态对人文素养的影响有正向和负向两个方面。

（一）积极的正向影响

具有积极性心理状态的学生在进行学习活动时表现为比较自觉、稳定性比较好，可以按照计划分配自己的时间，认真完成相关的任务；对学习内容有清晰的目标和动力，对待学习内容态度端正，能投入较大的精力，积极参与到学习活动中去，主动探究。这种积极的心理状态有利于师范生接受人文素养方面的知识，在不断学习和探究中逐步提升自身的人文素养内涵。

（二）消极的负向影响

在当今社会，很多学生面临课业以及就业等方面的压力，部分会呈现出消极心理状态。具有消极心理状态的人主要表现为对学习内容不感兴趣，缺乏积极性，不愿进行知识探究；在学习过程中注意力稳定性不足，思维灵活性欠缺。具有这种消极心理状态的学生会对人文素养教育表现出抗拒行为，在学习过程中没有深入，很多东西浮于表面，无法真正提升学生的人文素养。

三、如何培养积极主动的心理状态

积极的心理状态有助于人文素养活动的进行，能帮助学生真正提高自身的素养水平。大学生的心理状态是指学生从事学习活动时，学生心理活动在强度、稳定性、持久性方面所表现出来的特征。因此我们应该从学生的学习心理出发，帮助学生逐渐养成积极的心理状态。具体应该从以下几个方面进行。

（一）学习兴趣

兴趣是人类最基本的情绪之一。指人们力求认识某种事物和从事某项活动的意识倾向。兴趣表现为人们对于某种事物、某种活动的选择性态度和积极的情绪反应。① 新奇感与感知显著性会激发兴趣。兴趣可以提醒人类关注周围资源中的潜在资源，并驱使人类探索和寻求这些资源。与兴趣典型相关的主观感受为好奇和疑惑。与兴趣相关的典型行为倾向为探索、研究与学习。阿克曼认为"兴趣是一种选择性的注意机制"，此种机制会使人的心灵与身体生机勃勃，使注意力不会因为持续影响感官的各种刺激而随意分散。汤姆金斯认为，兴趣是唯一能使人长期保持建设性或者创造性努力的情绪。心理学家认为，兴趣可以使人对某件事产生快乐的心理体验，作为一种无形的动力驱使着人类去探索，也能够使人对某件事物集中注意力，对人的实践活动具有较为重要的意义。兴趣不只是人类对于事物表象的关注，更重要在于，兴趣是由人获得某方面的知识或者参与某种活动而产生的情感上的满足感。如果一个人对某一事物或者某类事物没有足够的认知，那么他通常不会产生情感，也就不会产生兴趣。与此相反的是，对某一事物认识越深刻，情感就越醇厚，兴趣也就越浓厚。

学习兴趣是一种认识倾向，以好奇心和求知欲为基础，是学习需要在情绪上的一种表现形式。好奇心指人类对新异事物产生的探究反应。求知欲则是人类对于知识的渴望。学习兴趣有直接学习兴趣和间接学习兴趣两种。直接的学习兴趣是由知识本身或学习过程本身引起的，具有直接性。间接学习兴趣则是学习者由于外部任务的需要，或者意识到学习的目的，从而对学习的结果感兴趣。直接学习兴趣与间接学习兴趣对于学习者而言，都是重要的，直接的学习兴趣会激发学习者对知识与学习过程本身的认知渴望，学习将会变成一件充满乐趣的事情。而学习者在明确学习的目的以及可能所获得的结果后，将会有充足的毅力与恒心，坚持学习。因此，要将直接学习兴趣与间接的学习兴趣有机结合，才能点燃学习者的学习热情，并长时间的保持学习过程，获得满意的学习结果。学习兴趣形成的发展特点为从低级到高级、从感性到理性、从短暂到持久。从人类个性心理发展的角度讲：兴趣可以分为直观兴趣、自觉兴趣、潜在兴趣三种。直观兴趣是人类的本能。例如：儿童对于颜色鲜艳且丰富、节奏鲜明、漂亮美丽的事物感兴趣。婴儿对妈妈的脸感兴趣，此时的兴趣具有不稳定性且在表层。但是，生动丰

---

① 宇中. 行为的原理 [M]. 上海：同济大学出版社，2019：30.

富的语言、幽默又具有吸引力的画面可以诱发这种兴趣。直观兴趣有助于提高学习效率。自觉兴趣则具有较为明确的目的，通常伴随着情感、思维的活动而产生。自觉兴趣具有稳定性和自觉性。潜在兴趣表现为对某一事物有强烈的追求，如痴如醉，是一种较高层次的心理表现。潜在兴趣能够使人发现平凡中的闪光点，能够迎难而上，勇攀高峰。学习兴趣对学习者而言，具有非常重要的作用。学习兴趣调动学习者的主动探索欲，发挥学习者的主动性与创造性，能够激发学习者的学习动机。当学习者对某些学习内容感兴趣时，才会积极主动地寻求学习，并从中体验到乐趣；还可以帮助学习者在学习中保持良好的记忆力；还使学习者在进行自己感兴趣的学习或研究时获得心理和生理的满足感。

在当今注重知识与能力的时代，大量文件的颁布标志着国家在不断提高新教师的准入门槛，不断要求提升新教师应具有的素质与能力。师范生作为"准幼儿教师"，应明晰自身的责任，把握大学阶段，及早考虑人生规划，端正自身学习态度、树立学习目标、自觉培养学习兴趣，实现自我成长。许多师范生在步入大学以后，因为没有及时地处理好角色转变的问题，即从中学生向大学生角色的过渡，而出现缺乏学习兴趣，产生学习倦怠的情况。[1] 在此种情况下，应培养师范生的学习兴趣。只有对知识有学习兴趣的情况下，才能对学习保持长久的热情和学习态度，而学习兴趣的产生与某些因素有关。比如：学习的需要与任务，当学习者意识到学习的某种需要时，就会对此种需要优先注意，产生兴趣。因此，首先，应明确师范生的学习目的，从思想上意识到学习的需要与任务，可以有效地调动师范生的间接学习兴趣。其次，要善于在日常的生活学习中挖掘能够引起师范生学习兴趣的活动，通过丰富多彩的活动点燃激情，使师范生在学习过程中获得积极的情感体验，易于巩固与发展学习兴趣。再次，要鼓励师范生广泛阅读。书中自有黄金屋，从海量的知识中挖掘兴趣，在广博的知识中寻找人生前进的方向，寻求认同感与满足感。使师范生在阅读的过程中认识自己、了解自己、发现自己，从而发现自己的潜在兴趣，取得长足进步，实现自我成长。

---

[1] 胡书英. 本科师范生学习倦怠现状及对策研究 [D]. 新乡：河南师范大学，2018.

（二）学习目标

学习目标是学生追求的目标，是学生学习得结果，是前进的方向。做任何事情都是需要有目标引领的。目标即是引领，目标对于学习者而言，有明确的指向作用。关乎人做事方向的问题，爱因斯坦曾言："当方向错误时，前进就意味着倒退。"因此，把握好学习目标，是关键的第一步。那么学习目标的制定应遵循一些原则，比如"具体明确原则，粗中有细原则，结合实际原则等，"也即学习目标的制定应明确具体，不可含糊不清，也不可盲目跟风，随波逐流。大家参加活动，就跟着参与，大家报名考试，就跟着考试，大家做什么就跟着做什么。学习目标的设定应粗中有细，即应有长期的目标，也应有短期的目标。结合实际原则即学习目标的设定应根据自身的实际情况，不可一口气吃个胖子，应循序渐进，逐步完成，避免期望过高，完成不了变得失去信心，也避免目标制定的过多，累垮了身体，得不偿失，应结合实际情况，量力而行。在完成一部分目标之后，应有奖励机制，及时进行强化，督促自己坚持。斯金纳根据其条件反射实验提出了程序教学的基本原则之一为小步子原则，即要按照知识本身的内在逻辑将知识分为若干个细小的单元，经过分割后的细小单元也需要按照逻辑关系进行排列，形成教学内容。此时的教学内容将由浅入深、由易到难、循序渐进地被学生学习与吸收。后来引申为将一个复杂的行为过程，根据人的认识规律，分为许多个容易完成的小阶段，而后逐步完成，最后达成较为复杂的、困难的、不易完成的大的目标。对于学习者而言，设置一个较长的目标，而后分割为一个个小的目标，逐步完成，在前进的过程中每一步都有明确的小目标，进而及时的反馈与强化，鼓励自己坚持完成学习目标。

学习目标的设定还需参考马斯洛的需要层次理论。马斯洛是美国著名的哲学家、比较心理学家、社会心理学家、人本主义心理学的主要创始人。马斯洛基于四个基本假设提出了需要层次理论。未被满足的需要可以影响行为，被满足的需要则不能再充当激励工具。人们的某种需要一旦被满足，就会被另一种需要替代。人类的需求很复杂，在生存的基础上，人类会产生很多需求，需求进而影响行为。人的需要不是杂乱无序的，而是按照重要性与层次性进行排序。例如从对食物与住房的需要到自我实现。在低层次的需要被满足后，较高层次的需要才有足够的动力去完成。试想，一个温饱尚且不能满足的人，谈何讲自我实现呢？较高层次需要的满足途径多于较低层次需要满足的途径。基于这四个基本假设，马斯洛将人的需要分为五个层次：生理需要、安全需要、对归属与爱的需要、尊重需要和自我实现需要（从较低层次需要到较高层次需要依次排列）。生理需要指人类生理上最原始的需求，此类需求是人类生存的根本与基础。包括穿衣、吃饭、喝水等方面，生理需求若不被满足，则对人类有较大的伤害，严重时能危及生命。换言之，生理需求是人类生存最迫切且不可缺少的需要。如果一个人连温饱尚不能得到满足，那么此时对此人而言，饥饿的需要就是首先要解决的需要。在解决饥饿需要之前，其他的需要则不是最重要的。马斯洛认为，只有在满足生理需要的基础上，人类的生存不成问题之后，其他的需要才能成为激励因素。第二层次是安全需要，即人类有保障自身安全的需要。例如：希望自己不受灾祸、远离痛苦、疾病。希望自己生活稳定、职业安全、未来有保障等。具体可以分为三类：一类是物质上的，比如：自己的劳动受到保护、工作过程中是安全的。一类是经济上的，比如：养老保险、生育保险、失业保险等。一类是心理上的，比如：有信心处理自己工作中遇到的问题，对自己有信心，不希望自己受到不公平的对待等。马斯洛认为，人的各个器官是寻求安全的工具，人的整个有机体是一个追求安全的机制，所以安全需要是必须的。第三层次为归属与爱的需要，指人对于家庭、朋友、同事等的理解的需要。人类对于友情、爱情、信任等的需要，包括社交欲、归属感、爱的需要。社交欲指希望与伙伴或者同伴保持友谊、互相信任。归属感指，希望成为所在团体中的一员，在困难时能够获得大家帮助，对朋友有倾诉欲。爱的需要指广义的爱，体现在个人与他人互相信任、理解、互相给予的基础上。当生理需要与安全需要被满足时，归属与爱的需要就会显现出来，此种需要较难以察觉，且无法衡量。第四层次是尊重需要。尊重需要包括他人对自己的认可与尊重，分为自尊、他尊与权力欲，也包括成就对自我价值的个人感觉。比如：自信心、对自由与独立的渴望、对知识与成就的需求都属于尊重需要的范围。尊重需要也可以分为对名誉与声望的需求，以及实习、成就、适应性和面对世界的自信心的需求。马斯洛认为，尊重需要很少能够得到完全的满足，基本的满足就可以产生推动力。第五层次是自我实现的需要，也是最高等级的需要。自我实现需要的目标是自我实现，发挥自身的潜能。达到自我实现的人，既能接受自己也能接受他人，善于独立处理事情，可以独处。解决问题的能力极大提高，并且自觉性提升。有自我需要的人，就会竭尽所能，使自己无限趋近于完美。自我实现也意味着充分的、活跃的、全神贯注、忘我的体验生活，是最不容易满足的需要。师范生在设置学习目标时，应结合自身实际充分的考虑自身需要，设置合理的符合需要的能够达成的学习目标，根据小步子原则，将其划分，督促自己完成，从而取得长足的进步。

（三）学习动机

动机是人类表现出的行为的内在原因。心理学家采用动机这一术语对人类行为背后的成因进行描述。动机包含了人类的需求、行为和目标，是隐藏在个体内部能够引起个体紧张的状态、促使个体完成任务的趋避力。个体需要使人类产生行为，行为则受需求指引，向目标前进，目标实现则个体需要得到满足，任务完成。动机的概念延伸到学习领域中，就产生了学习动机。学习动机指学习者内部产生的，促使其参与学习活动，并指向学习目标的驱动力。学习动机表达了个体的内在需求，并对学习者有激发功能。如果学习者对某一知识或技能有迫切的需要，就会产生个体内在的学习驱动力，唤醒学习者强烈的求知欲与学习的愿望，产生相应的学习行为。此时的学习动机还会激活学习者相应的知识储备，提升学习者的学习效率，进而高效地完成知识的学习与技能的掌握。学习动机具有指向性。使学习者的学习行为指向一定的学习目标，并促进学习者为达成学习目标而不断努力。学习动机具有维持学习的作用，能够帮助学习者长期保持学习的状态，在学习中集中注意力、克服困难、坚持不懈，直到完成学习目标。

根据学习动机的具体内容，心理学家对其进行了分类。为了更好帮助师范生明晰学习动机，因此我们逐一进行介绍。

1. 内在动机与外在动机

学习动机根据其自发性和目的性，可以区分为内在动机与外在动机。内在动机是由个体内在的需求转化而来，比如对知识的好奇、自我效能感、强烈的求知欲等。内在动机具有稳定、维持时间久、对学习的推动作用较大的特点。当个体从内在产生学习的需求，就会主动寻求学习的资源，并自觉投入学习，从中获得满足感与成就感，不需要外在刺激的强化。而外部动机则与之相对，由外部刺激引发的学习动机。比如教师的夸奖、父母的奖励等。外部动机具有不稳定、持续时间短、对学习的激励作用也不如内在动机强烈。如果学习者长时间将外部动机作为自己学习的动力，长此以往就会混淆学习的最终目的是知识本身而非奖励。

2. 间接的远景学习动机与直接的近景学习动机

学习动机根据其作用时间额长短和作用的范围，可以分为间接的远景学习动机与直接的近景学习动机。远景性学习动机与学习者意识到学习的意义有关。反映了社会、家庭、学校等对学习者的要求。也与学习者的世界观、人生观、价值观有关。远景性学习动机具有较强的稳定性与持久性，一旦建立就会对学习者学习的主动性与自觉性有较强的激励作用。近景性学习动机是受到具体条件或者偶然情况的影响产生的。比如家长或教师对学习者施加的外部压力等。近景性动机持续的范围与时间较小。在对学习者的学习方面来讲，需要将两种动机有机结合，才能促使学习者保持长久且稳定的学习动机。

3. 认知动机、自我提升动机、附属动机

学习动机根据内驱力的不同可以分为认知动机、自我提升动机、附属动机。认知动机是一种以探求知识为需求的动机。认知动机是指向学习任务本身、以对知识本身的理解与掌握为目标产生的一种动机。例如，儿童在适宜的指引下，通过不断的实践获得成功，成功的体验强化了儿童对于知识探求的好奇心，然后逐步产生的一种内在认知动机。自我提升动机则是因个体自身能力和成就赢得相应地位的需要而引起的动机。自我提升动机并不指向学习内容本身，而是指向内容完成后所获得的地位以及满足感。附属动机则指学习者为了获取教师或家长的认可或赞许产生的一种驱动力。在幼年阶段，附属动机是一种主导性的学习动机。随着年龄及阅历的增长，认知动机与自我提高动机则会帮助学习者共同解决一个又一个学习任务。

了解学习动机产生的原因，有助于帮助师范生从不同角度了解动机在学习过程中的作用。

（1）归因动机理论

美国著名的心理学家韦纳提出了归因理论。认为人们在分析其行为成败的原因时，主要涉及六个方面，即能力、努力、运气、工作难度、身心状况、他人反应。该理论也被称为成成败归因理论。那么将影响行为成败的六个方面归类，又可分为三类。即把成败的原因归结于自身内部原因还是外部原因。比如将失败的原因归结为能力、努力与身心状态都是自身内部原因。将失败的原因归为运气、工作难度则属于外部原因。其次是稳定性。即成败的原因是否是稳定的。比如运气、努力都是不稳定因素，能力、工作难度属于稳定因素。再次是可控性。即成败的原因是否可以由自身控制。例如努力是可控的，而运气等因素则不可控。师范生要尽量做到正确归因，才有利于确立正确的学习动机，并达成一定的学习目标。

（2）成就动机理论

默里提出了"成就需要"这一概念，麦克利兰与阿特金森在其基础上进一步发展提出了成就动机理论。阿特金森认为：影响个体具体动机的因素有动机水平、期望、诱因。个体在追求成就时会存在两种心理倾向。追求成功与避免失败。追求成功动机的学习者会更倾向于选择中等难度的学习任务。避免失败动机的学习者会更倾向于选择较易或较难的学习任务。

（3）强化动机理论

行为主义学派将动机看作是由外部刺激引起的对行为的一种驱动力量。认为个体的学习行为倾向取决于某种行为与外部刺激因强化而建立起的联系。行为主义强调任何学习行为都是为了获取奖赏或逃避惩罚。因此强调教师要善于使用强化来激发学习者的学习动机。例如评分、评级、表扬、惩罚等都属于强化。但教师在实践运用中也要正确认识强化，避免引起学习者焦虑等负面情绪。现代学习观认为学习者是学习的主体。师范生作为学习的主体，未来的准教师，需要有较为长远且有效的学习动机，在学习过程中学会正确归因，达成自我发展与进步。

（四）学习态度

学习态度指学习者对学习及其所处学习情境所持的较为稳定的心理倾向。通常从学习者对待学习的注意、情绪、意志状态等方面进行观察与判断。学习态度由认知因素、情感因素、行为意向三种心理要素构成。认知因素即学习者对于学习活动的认识与理解，包含对学习目的、学习意义的理解，对学习结果带有评价层面的信念。认知因素是学习态度的基础，其反映出学习者对学习价值的认识。因此在学习态度的认知方面，学习者应对学习有正确的认知与了解。基于正确的学习态度的认知，学习者对于学习是积极向上的、热情饱满的。如果对学习持错误的态度认知，则会出现消极、不求上进的局面。

师范生作为未来的准教师，大部分学生毕业后都要直接或间接从事教育工作，更要立足于实际，端正态度，明确学习的意义，保证基本的知识储备，为走上工作岗位打下坚实基础。因此不仅应该明确学习的意义，更要明白大学不是永远的避风港，而是新的起点、新的征程。大学阶段所作的一切都是为了未来的工作做准备。进入大学后，管理相对高中来讲宽松了不少，可自由支配的时间变多。而且不再像高中一样，大家坐在一个班级里由教师带着学，教师做好学习的计划，而是需要自己根据实际情况设置学习计划，然后执行。部分同学就会在进入大学后，缺乏规划，而产生"大学很自由、时间很多"的错觉，以至于白白浪费大好时光。"有花堪折直须折，莫待无花空折枝""少壮不努力 老大徒伤悲""黑发不知勤学早，白首方悔读书迟"无数的名言警句告诉我们，珍惜时光，好好学习。情感因素则是指学习者在学习活动的过程中伴随认知产生的情绪体验，是学习态度的核心，对学习的喜欢或者厌恶会直接影响学习者的行为。如果学习者遇到的问题较难，不易解决，则会使学习者产生抵触、逃避学习的行为，或者会出现学习者喜欢某一教师，就会对该门课非常感兴趣，非常乐于学习该课程。与之相反，如果学习者不喜欢或厌恶某位老师，也会出现不习惯该门课或者厌恶该课程的情况。行为意向则是指学习者对于学习的反应倾向，即行为的准备状态。学习态度由上述三个因素构成，对学习者的学习活动产生影响。

所以师范生要善于改变自己的学习态度，为未来的生活与工作做好准备。以下介绍一些改变学习态度的方法：其一：珍惜当下的时间。古人云："明日复明日，明日何其多。"要珍惜当下，把握好今天，不要为未来没有发生的事情过分担忧。在今天的时间中努力获得更多的知识，取得一定的进步，或许就不会太多忧虑未发生的事情了。其二，要明确自己的方向。如果你准备工作，那么就抓住大学的时光多多考取需要的证书，学习专业的技能，尽可能早的去实习，为自己未来的工作做准备。如果你准备进一步深造，比如读研读博等，那么就好好学习专业知识，了解读研的信息，做好准备。自己的方向要尽可能的明确，然后做好规划。可以利用小步子原则将其分割为一个个小目标。照着自己的方向，循序渐进就会获得自己想要的结果。其三，要学会反思。在学习中要学会反思总结。结束一天的学习以后，可以做一个简单的复盘。今天的任务与计划是否完成，完成度有多少，没有完成的原因是什么，完成的任务部分，从中获取的收获有哪些？明天的计划是什么？是否偏离了自己的原有目标？计划是否需要调整等。其四，由"点"开始。学习的开端由掌握某个"点"开始，抓住一个部分打通，读透，学会，弄懂，掌握，运用，然后由点到线到面，循序渐进，切忌一味贪多。去图书馆借了很多本书回来，却不看一眼，寻求心理安慰，自欺欺人。或者较多的方面只是走马观花的粗略带过，并没有真正地理解内化，日子一长就忘记了，白白浪费时间。其五，在勤奋的基础上善用学习方法。学习要讲究方法，不可使用蛮力。要会读书，不是只会死记硬背。大学的课程更多需要自己钻研内化，不同于高中课程体系。因此，在学习过程中要掌握方式方法，学会将有效的学习方法运用于实际中另一方面，读书是为了运用理论指导实践。"纸上得来终觉浅，绝知此事要躬行。"要注重实践的作用。由此，师范生应树立正确的学习目的，掌握有效的学习方法，端正学习态度，用饱满的热情迎接每一个任务与挑战，收获丰富的成果。

第四节　高尚善良的精神品质

人文素质教育的精神元素是指在人格构建过程中，那种与人的基本行为相关的、在历史中积淀而成的，并且为人们普遍承认的精神品质。这种品质直接和人们的幸福、快乐、平静相连，包括以爱为核心的真、善、美三个系列和属于它们的一些基本范畴，如真系列的诚信、自律、敬畏；善系列的慈悲、宽恕、助人；美系列的正义、勇敢、崇高等。真善美的极致统一于爱的觉悟，在爱的觉悟中，懂得感恩，因此高贵。这些精神品质统合了人类千年的探索和思考，是人类历经磨难的历史印痕，是人类不放弃思索的精神结晶，在人类历史的行程上如同闪烁着光芒的星星，照耀着我们走向幸福的道路。

一、人文素养教育的精神内核

中华民族五千年的优秀传统文化与学生人文素养之间是相辅相成的关系。历史文化传承下来的是我们中华民族的精神力量，要在新时代焕发新的生机。在此基础上帮助学生提升人文素养，真正地将传统文化优秀智慧与人文素养教育相结合，从而全面促进师范生的发展。

（一）以诚待人，自律于己

"人而无信，不知其可也"诚信待人是中华民族的传统美德，也是社会主义核心价值观的重要内容，是新时代大学生必备的重要素养，更是师范生必须具备的素质。自律是一个人对自己的约束状态，约束自己的行为、表现等。人文素养的精神要求人要以诚待人，自律于己。然而信息社会的逐渐发展，大学生们接触到了不同的价值观影响，有些学生的行为和思想会表现出一些负面的倾向，特别对于新时代师范生来说，达到这个要求非常重要。作为未来的教师，必然要给学生树立良好的榜样作用，引导孩子们树立正确的世界观、人生观和价值观，因此这是新时代师范生必备人文素养的内核之一。

（二）以善之心，力行正义

以社会主义核心价值观为引领，结合高校人才培养的素质要求，把握社会主义核心价值观和新时代价值观的契合之处，人文素养也对人应该具备的品格提出要求。善良和正义依然是我们应该具备的品质，不是标准而是应该具有的人性。处在现实社会中可能很多人忽略了这两个词语，但是只有贯彻自己的善良和正义，这样的人才是有健全品格的人。所以新时代的我们更应该心存善良对待身边的人，做事要力行正义。

（三）仁爱之心，学会感恩

仁爱之心是师德之源，是四有好老师的重要品质之一，是教师职业道德。教育是仁而爱人的事业，是有温度的事业，师范生的人文素养教育中这是必要一环，没有仁爱之心便不具备师德，有爱才有责任，才能在尊重学生和爱护学生的过程中循循善诱，教导学生，只有这样才能做到教书育人、立德树人，学生才能真正成才。

二、新时代对师范生人文素养的要求①

（一）遵守师德规范

遵守师德规范是从理想信念、立德树人和师德准则等三个方面，对一个合格的学前教育专业师范生的师德践行能力加以概括和说明。

1. 理想信念

理想信念是人们对未来的向往和追求，是人们的政治立场和世界观在奋斗目标上的集中体现，这是对学前教育专业师范生的绝对要求。首先，学前教育专业师范生需要学习和贯彻习近平新时代中国特色社会主义思想、习近平总书记关于教育的重要论述、社会主义核心价值观，以及"四史"的相关内容，真正实现对中国特色社会主义在思想、政治、理论和情感方面的认同，并能在教育实践中

---

① 张晓梅．基于学前教育专业师范生师德践行能力标准的人文素养培育实践路径［J］．黑龙江高教研究，2021，39（12）：6.

自觉践行。其次，学前教育专业师范生需要学习和体悟习近平总书记关于"做四有好老师"的要求和思想，以便能够坚定职业理想信念，筑牢从师从教思想根基。

2. 立德树人

立德就是坚持德育为先，树人就是坚持以人为本，立德树人要求通过正面的教育来引导人、感化人、激励人，进而塑造人、改变人、发展人，这是对学前教育专业师范生的本质要求。首先，要求学前教育专业师范生掌握立德树人的内涵、理念、途径与方法。其次，理解立德树人对于学前教育"帮助幼儿系好人生第一颗纽扣"的特殊重要意义，让自身成为促进幼儿发展最有力的优势资源，并能够在幼儿教育实践中对幼儿实施素质教育。

3. 师德准则

师德准则是对教师师德行为的基本规范，这是对学前教育专业师范生的基本要求。明确新时代学前教育专业师范生职业规范，针对主要问题、突出问题划定基本底线，是培育高素质幼儿园教师的关键之举。首先，学前教育专业师范生需要了解我国已经颁布的教育法规和行政法规，特别需要熟知民法典、教育法、教师法等，深刻理解我国学前教育法律法规对幼儿合法权益的重视和对幼儿独立人格的尊重。其次，学前教育专业师范生要根据《新时代幼儿园教师职业行为十项准则》规范自身的职业行为，反思自己的教育实践活动，不断完善自己的专业理念和师德。

（二）涵养教育情怀

涵养教育情怀是从学前教育专业师范生职业认同、关爱幼儿、用心从教、自身修养等四个方面，对一个合格的学前教育专业师范生所应具备的师德践行能力进行的规定。

1. 职业认同

首先，学前教育专业师范生需要真正从内心认同幼儿园教师这一职业，能够热爱和理解自身职业及职业特征。其次，学前教育专业师范生需要认同幼儿园教师在传播知识、塑造灵魂等方面的工作价值。最后，学前教育专业师范生需要认同学前教育对于幼儿成长的重要意义和价值，能够把教育渗透于幼儿一日生活中，生成适合于幼儿的教育活动，以促进幼儿全面而有个性地发展。

2. 关爱幼儿

这是学前教育专业师范生必须遵循的道德底线。首先，学前教育专业师范生需要具有公正平等地对待每一个幼儿的教育观，能够尊重幼儿的身心发展特点和个体差异，能够切实做到保护幼儿的生命安全，关注幼儿的心理健康，照料幼儿的一日生活等。[①] 其次，学前教育专业师范生要尊重幼儿的人格和权力，拥有正确的师幼观。能够做到平等地对待每一个幼儿，尊重幼儿的人格；积极地维护幼儿的合法权益，保障幼儿的权力不受侵犯；充分地尊重幼儿的个性特点，对幼儿的发展提供必要的支持和满足。

3. 用心从教

首先，学前教育专业师范生需要具有强烈的敬业精神。敬业精神既是确保师范生做好学前教育工作的职业基准，也是学前教育专业师范生愿意从事幼教工作的内生动力和成长基石。敬业精神既要求学生对事业的选择不只是喜好和在岗位本身，更重要的是对幼教工作的热爱和对事业的坚守。其次，学前教育专业师范生要富有爱心和责任心，由于学前期幼儿特有的年龄特点，自主意识和自理能力差，缺乏是非判断能力，在生活和学习中对教师高度依赖。因此，要求师范生必须具有良好的性格特征，能够做到耐心工作、细心育人。

4. 自身修养

自身修养是对学前教育专业师范生个性品质、人文底蕴、个人仪表，以及心理健康等个人修养的角度，对合格师范生所应具备的师德践行能力进行的规定。首先，学前教育专业师范生要具有健全的人格和积极向上的精神，善于在平凡而琐碎的保教工作中控制和调节情绪，并使自己的情绪处于稳定状态。其次，学前教育专业师范生要掌握一定的自然和社会科学知识，能够在保教活动中有机融入

---

① 教育部师范教育司. 中小学教师职业道德规范学习手册［M］. 北京：高等教育出版社，2008：44.

中华优秀传统文化、革命文化、社会主义先进文化等教育内容，为培养适应终身发展的幼儿奠定基础。最后，学前教育专业师范生要有整洁的仪表、规范健康的语言、礼貌的文明举止，符合教师礼仪和教育情境，能够潜移默化地影响幼儿。

第四章　师范生人文素养的现状

第一节　师范生人文素养现状研究

一、研究方法

大学生人文素养发展情况调查问卷，包括个人生存能力、家庭生存能力、集体生存能力和社会生存能力四个维度，15个子领域。问卷中涉及的人文素养维度源于中国教育发展战略学会人文教育专业委员会常务副理事长何庆研究员所提出的人文教育理论体系：人文幼教课程主要培育责任、认真、劳动、自律和感恩等人文品质；人文小教坚持以"爱"为基础，以爱国主义为核心，培育学生的道德品质、文明行为和道德人格；人文中教则引导学生正确认识正逆文化、生命价值、从重个人到重集体和重国家的价值提升等。根据人的心理和生理发展特点，综合以上指标并结合人文教育专家团队的建议，最终确定大学生人文素养量化维度。维度主要包括以自理能力、行为习惯、自我发展、人际交往、学业追求和安全意识为内容的个人生存能力；以遵守集体规则、安全意识、归属感为内容的集体生存能力；以遵守规则、安全意识、归属感为内容的社会生存能力和以关爱家人、家务劳动、安全意识为内容的家庭生存能力。

二、研究对象与工具

（一）研究对象

研究以大庆师范学院学前教育专业学生为研究对象，采用分层抽样的方法，选取学生256名，其中大二学生116人，大三学生140人；男生19人，女生237

人；独生子女 120 人，非独生子女 136 人。并选取对应数量的家长，对学生的家庭生存能力进行调查。在 256 名家长中，文化程度为博士的 1 人，硕士 1 人，本科 53 人，专科 33 人，中专（高中）及以下的 168 人；家长职业中，工人 39 人，农民 69 人，教师 16 人，医生 4 人，政府机构人员 9 人，企业公司职员 39 人，自由职业者 46 人，其他 34 人。学生家庭人口数量的调查显示，2 口的有 12 人，3 口的有 100 人，4 口的 68 人，5 口的 55 人，其他 21 人。

（二）研究工具

1. 调查问卷的编制和回收

根据何庆研究员提出的人文素养相关理论，编制《大学生人文素养发展情况调查问卷》和《大学生"家庭生存能力"发展情况家长调查问卷》。问卷经过信效度检验后向学生和家长发放，问卷回收率达到 100%，且问卷信息保证真实有效。

2. 数据处理方法

数据的处理主要采用 SPSS 21.0 统计软件对回收的数据资料进行描述统计、单因素方差分析、独立样本 t 检验等分析。为便于统计分析，将人文素养相关问题的问卷答案"不能""偶尔能""经常能""一直能"赋值"0""1""2""3"。同时，为了保证数据的有效性，要以统计结果为基础，选取有价值的信息进行整理分析。

三、研究结果

（一）师范生人文素养总体水平

从表 4-1 和表 4-2 的统计结果可以看出，大二和大三学生的人文素养各个维度水平呈现出一致性的特点。从人文素养四个一级维度中，得分由低到高分别为家庭生存能力、个人生存能力、集体生存能力和社会生存能力。在个人生存能力中，自理能力和学业追求得分较低，安全意识得分最高，行为习惯、自我发展和人际交往的得分处于同等水平；在集体生存能力中，遵守交通规则的得分较高，归属感得分较低，安全意识得分处于中等水平；在社会生存能力中，安全意识得分较高，遵守规则得分偏低，归属感处于中等地位；在家庭生存能力中，大二学生的家务劳动得分最低，关爱家人得分最高，安全意识处于中等水平。通过表4-1和表4-2以及维度均值的对比我们可以看出，大二学生在社会生存能力方面是略高于大三学生，但是大三学生在个人生存能力、集体生存能力和社会生存能力方面是略高于大二学生的。

表4-1　学前教育专业学生（大二）人文素养现状描述统计表

一级维度	二级维度	n	最小值	最大值	二级维度均值	一级维度均值	标准差
个人生存能力	自理能力	116	1.14	3.00	2.12	2.31	0.45
	行为习惯	116	1.33	3.00	2.28		0.38
	自我发展	116	1.26	3.00	2.31		0.46
	人际交往	116	1.18	3.00	2.39		0.47
	学业追求	116	0.86	3.00	2.20		0.58
	安全意识	116	1.19	3.00	2.57		0.40
集体生存能力	遵守集体规则	116	1.20	3.00	2.66	2.60	0.42
	安全意识	116	1.10	3.00	2.62		0.43
	归属感	116	1.25	3.00	2.52		0.48
社会生存能力	遵守规则	116	1.47	3.00	2.61	2.69	0.39
	安全意识	116	1.43	3.00	2.76		0.38
	归属感	116	1.50	3.00	2.71		0.41
家庭生存能力	关爱家人	116	1.05	3.00	2.29	2.17	0.46
	家务劳动	116	0.56	3.00	2.09		0.58
	安全意识	116	0.57	3.00	2.14		0.57

表 4-2　学前教育专业学生（大三）人文素养现状描述统计表

一级维度	二级维度	n	最小值	最大值	二级维度均值	一级维度均值	标准差
个人生存能力	自理能力	140	0	3.00	2.08	2.33	0.54
	行为习惯	140	0.78	3.00	2.29		0.48
	自我发展	140	1.00	3.00	2.37		0.54
	人际交往	140	1.00	3.00	2.43		0.52
	学业追求	140	1.00	3.00	2.23		0.65
	安全意识	140	1.00	3.00	2.59		0.49
集体生存能力	遵守集体规则	140	1.00	3.00	2.66	2.64	0.53
	安全意识	140	1.00	3.00	2.66		0.49
	归属感	140	1.00	3.00	2.60		0.55
社会生存能力	遵守规则	140	1.00	3.00	2.64	2.68	0.52
	安全意识	140	1.00	3.00	2.72		0.50
	归属感	140	1.00	3.00	2.68		0.50
家庭生存能力	关爱家人	140	0.90	3.00	2.27	2.25	0.55
	家务劳动	140	0.56	3.00	2.21		0.68
	安全意识	140	0.57	3.00	2.26		0.64

（二）师范生人文素养各维度上的差异分析

为了明晰学前教育专业学生人文素养各个维度是否存在差异，研究从学生的性别、年级、是否是独生子女三个变量出发，对大庆师范学院学前教育专业学生人文素养各维度进行独立样本检验，分析结果如表 4-3 所示。

表 4-3 学前教育专业学生在人文素养各维度上的差异分析

维度	变量	F 值	显著性	Sig.（双尾）	t
个人生存能力	性别	10.706	0.001	0.307	1.023
	年级	4.800	0.029	0.731	1.345
	是否是独生子女	1.024	0.313	0.217	1.237
集体生存能力	性别	12.133	0.001	0.088	1.714
	年级	6.720	0.010	0.474	1.717
	是否是独生子女	0.440	0.508	0.461	0.738
社会生存能力	性别	8.179	0.005	0.109	1.608
	年级	8.008	0.005	0.879	0.153
	是否是独生子女	0.730	0.394	0.316	1.004
家庭生存能力	性别	0.859	0.355	0.146	1.459
	年级	10.370	0.001	0.272	-1.101
	是否是独生子女	0.022	0.881	0.219	1.233

性别不同的学前教育专业学生在个人生存能力、集体生存能力，以及社会生存能力方面存在显著差异，在家庭生存能力方面没有显著差异。由计算结果可知，男生在个人生存能力、集体生存能力，以及社会生存能力不如女生，女生在个人生存能力、集体生存能力和社会生存能力方面相比较男生而言更具有优势。但是在家庭生存能力方面，不同性别的学生在家庭生存能力方面没有显著差异。从四个维度上看，年级不同的学生都存在显著差异。结合表 4-1 和表 4-2 可知，大三学生整体的个人生存能力、集体生存能力和家庭生存能力略低于大二学生，而社会生存能力则略高于大二学生。独生子女与否与其人文素养水平高低之间没有显著的关系。

（三）学前教育专业学生家庭生存能力维度上的差异分析

从家长的文化程度、家长的职业及家庭人口数这三个方面对学生家庭生存能力进行单因素检验和比较分析。分析结果如表4-4所示。

表4-4 家长因素在学前教育专业学生家庭生存能力上的差异分析

维度	变量	均值	F	显著性
家庭生存能力	家长文化程度	2.21	0.787	0.535
	家长职业		1.036	0.406
	家庭人口数		1.888	0.113

首先，从表4-4中的研究数据可知，家长的文化程度、家长职业以及家庭人口数对学前教育专业学生的家庭生存能力方面的影响没有显著差异，但计算结果显示，家长的文化程度处于本科及以下的学生。其家庭生存能力略低于家长文化程度处于本科以上水平的学生，比如，家长文化程度为本科，学生家庭生存能力均值为2.27；家长文化程度为硕士，学生家庭生存能力均值为2.8；家长文化程度为博士，学生家庭生存能力均值为2.6；家长文化程度处于中专（高中）及以下的学生家庭生存能力略低于全体学生的家庭生存能力均值，均值为2.18。

其次，家长职业为教师的学生，其家庭生存能力均值为2.35，家长职业为医生的学生，其家庭生存能力的均值为2.40，家长职业为企业公司职员的学生，其家庭生存能力均值为2.33，可见，家长职业为医生的学生，其家庭生存能力的均值最高，整体来看，家长职业为教师、医生和企业公司职员的学生，其家庭生存能力均值高于整体学生的均值；家长职业为农民、政府机构人员和自由职业者的学生，其家庭生存能力均值分别为2.12、2.07和2.15，是低于整体学生家庭生存能力的均值的。数据表明，家长职业对学生的家庭生存能力存在一些影响，但是整体来看，家长的职业差异对学生的家庭生存能力没有显著的影响。

最后，家庭人口数的多少是对家庭生存能力有明显的影响的，家庭人口数为2口的学生家庭生存能力最高，为2.43；家庭人口数为4口的学生家庭生存能力是2.19，家庭人口数为5口的学生家庭生存能力最低，为2.10，通过数据可以看到，家庭人口数为4口和5口的学生家庭生存能力是低于整体学生的均值。因此，学生家庭人口数多，学生的家庭生存能力会偏低。

第二节　师范生人文素养存在的问题

一、个人生存能力方面

从研究数据可知，大二、大三的学生在学前教育专业学生个人生存能力中，安全意识得分最高，自理能力、行为习惯和学业追求得分偏低，自我发展得分处于中等水平。

（一）自理能力

首先，自理能力方面，学生在合理安排生活，掌握娱乐、游戏时间方面存在困难，动手能力不强。大二学生中能一直合理安排作息时间的仅有 25.42%，大三学生中则更少，仅占 18.88%；大二学生中仅有 25.42% 的学生能掌握游戏时间，不沉迷网络游戏。在定期整理内务方面，大二学生仅有 38.98% 的学生能够做到定期整理；大三学生整理内务的情况比大二学生稍好，但也仅占 41.26%。在自理能力方面，大二、大三学生还需要根据自身的实际情况，合理规划自己的学习娱乐时间，养成良好的生活习惯和卫生习惯。

（二）行为习惯

在行为习惯方面，学生自觉参加体育锻炼的意识不强，不能做到健康饮食，难以形成正确的消费观和良好的阅读习惯。大二学生仅有 11.86% 能每天坚持锻炼 60 分钟，大三学生中能够坚持的也仅占 13.99%；大二学生能一直保持阅读习惯的占 27.97%，大三学生稍多中占 30.77%；大二学生中具有健康的消费观，有合理的支出计划，不随意滥用金钱的仅占 41.53%，大三学生中约有 44.76% 的学生能够做到。总之，在行为习惯方面，能够长期坚持良好的生活习惯和学习习惯的学生不多，学前教育专业的学生要多多参与体育锻炼，健康饮食，养成良好的阅读习惯，在学校期间能够学有所获，能够拥有健康的体魄。

（三）学业追求

最后，在学业追求方面，大多数学生的学习缺少计划性和主动性，在自己的专业知识方面缺乏深入且细致的理解，很少有学生寻求各种途径促进自身专业发展，阅读专业书籍不足。在制定专业发展规划方面，大二学生中只有 35.59％的学生能够完成规划，能够每天自主学习专业知识，大三学生中能够做到的也仅占 46.15％；在制定学习计划方面，能够根据自己的学习情况制定好相关的学习计划的仅占 34.75％；在学术方面，大二学生中能够做到踏实做学问的只有 49.15％，学术不作假，对于学生来说只有 5.93％偶尔能做到；对于大二学生而言，一直能主动阅读专业书籍占总人数的 34.75％，大三学生讷讷够做到的占总人数的 37.76％。除此之外，在自我发展方面，很多学生在困难和挫折面前，缺乏的是面对挑战的信心和勇气，缺乏多角度思考和解决问题的能力，在面对困难的态度上和解决问题的方法上还有待加强。

二、集体生存能力方面

研究结果表明，大二和大三学生的四大维度中集体生存能力方面的均值较高，仅次于社会生存能力得分。在集体生存能力的三个二级维度中，安全意识得分最高，归属感得分最低。在归属感方面，在主动履行个人责任，主动为集体活动出谋划策以及参与学校组织的大型活动方面，有相当一部分学生积极性有待提高，参与度不高；主动关心别人，考虑别人的感受的能力不足，有待加强；同学之间不能很好地做到同舟共济、共担责任。大二学生中，一直能积极参与集体活动并主动出谋划策占 55.08％，大三学生中仅有 7.69％的学生只是偶尔能做到；只有 6.99％的大三学生偶尔能履行个人责任，仅有 9.09％的学生偶尔能主动参加校团活动；一直能主动关心别人的大二学生，考虑别人感受的占到学生总数的 57.63％，大三学生中偶尔能做到只有 6.99％。从数据可知，大部分学生的集体生存能力比较强，小部分学生的集体生存能力有待提升，尤其是集体归属感方面。

三、社会生存能力方面

从研究结果来看，在四大维度中的均值最高的是社会生存能力，说明与其他生存能力相比，学前教育专业学生的社会生存能力处于较高水平。在社会生存能力的三个二级维度中，大二和大三学生都在安全意识和归属感方面得分较高，遵守规则方面得分相对较低。很好地说明学生对社会主义文化具有较高的认同感，能够自觉主动践行社会主义核心价值观，具有较高的捍卫国家统一，维护各民族团结方面以及保守国家机密的意识。但是大二大三学生，在遵守社会规范和公共秩序，主动宣传社会公德以及自觉节约资源、倡导携带购物袋购物、自觉做到垃圾分类等这些生活中的小事方面还有待提升。整体来看，学前教育专业大二大三学生的社会生存能力还是处于比较高的水平，但是有些方面还需要学校、家庭和社会的引导，尤其是在社会公德方面还需要进一步加强。

四、家庭生存能力方面

问卷调查结果显示，学前教育专业学生的在四大维度中得分最低是家庭生存能力，表明学生在关爱家人、家务劳动和安全意识方面做得不够好，这方面的能力应重点关注和提升。首先，在关爱家人方面，学生对家人的关心和陪伴比较少，不能很好地理解家人，对待家人缺少耐心。大二学生中有54.32%能做到主动关心父母的身体健康状况，偶尔能关心父母身体的学生占学生总体的6.9%，大三学生中12.14%的学生偶尔能主动关心父母身体；大二学生中对父母常用药物比较了解的占31.9%，大三学生仅有30%；大二学生中能按时提醒父母检查身体的占20.69%，大三学生有29.29%；对于大二学生来说，经常陪家人锻炼的学生有37.93%，大三学生有27.14%；一直能及时了解家人内心需求的大二学生占32.76%，大三学生有31.43%能够做到。其次，大二大三学生都将家务劳动归于家长，承担家务劳动意识不强，很少自觉打扫卫生，为家人服务的主动性低。如大二学生中在假期中，经常为家人做饭的占43.59%，大三学生占27.14%。最后，在家庭生存能力的安全意识不强，如大二学生中不能积极为家人选择和定制保险的占 24.14%，大三的学生是 18.57%。此外，大二和大三学生的数据中，男生的家庭生存能力均值低于女生的家庭生存能力均值，说明学校、家庭等方面对男生家庭生存能力方面的培养不足，后期培育时需要加强对男生这方面能力的培养。

第三节　师范生人文素养问题原因分析

大学承载着人才培养、科学研究、社会服务、文化传承与创新等功能，但"人才培养"作为大学的第一功能，这是一个大学最重要的使命。立德是人才培养的根本和第一要务。社会的快速发展，社会民众对学前教育质量越来越重视，使得对学前教育专业学生人文素养水平的关注度提高。培养幼儿教师的高校必须明确以立德树人为根本，要解决为谁培养、培养什么样的人、怎样培养人的根本问题，特别是在提高人文素养水平的过程中，突出社会主义核心价值观，帮助学前教育专业的学生树立正确的人生观、价值观和世界观，唤醒对真、善、美的正确认识，提升人文素养水平，改善学前教育师资人文素养水平不足的现状。师范生人文素养培育方面在各个师范类高校起步都比较晚，所以在提升学生人文素养方面还面临着各种各样的问题。造成师范生人文素养水平有待加强的原因有很多，首先是教育体制的问题，高考文理分科，之前主要专攻理科的学生，选择了师范专业，高中时期政治、历史、地理知识的缺失，严重影响这部分学生的人文素养水平。其次，师范生人文素养教育相关制度保障不足，不能为高校设置、提升人文素养提供很好的制度保障。再次，师范生的人文素养培育课程没有建立完整系统的课程体系，课程设置不合理，其中课程的目标设置的不明确，课程内容老旧没有新意，教学方法单一，不能给予学生适宜的引导。课程评价的方式单一，学生教师不能获得贴切合理的评价，这严重影响师范类院校提升学生的人文素养。从次，人文素养教育与专业课程教学的融合缺失，把专业课与人文课程完全割裂，学生人文素养的培育是通过日常生活和学习才能够实现的，仅仅通过几节课程是难以达到很好的效果的。最后，师范院校教师的人文素养培育方面能力不足，部分教师人文素养比较低，难以实现很好的教育效果。还有部分教师具备一定的人文知识，不知道采用何种形式、何时引导学生思考相关的人文问题，仅仅停留在教师讲授，学生听讲的阶段。还有部分教师对于人文素养的培育始终保持着不关注、不重视的态度，这样师范生的人文素养在学校是很难得到提升的。再加上校园文化环境建设方面的不足，使得师范生人文素养的培育和提升变得难上加难，学校负责人不重视，学校的实践活动不涉及，校园物质文化不体现，这些问题是提升师范生的人文素养的一大障碍。除此之外，学生自身的问题也不容忽视，学生自身对于人文素养没有建立正确的认识，认为其是简单的社会规范和道德规范的学习，没有涉及家国情怀、理想信念、坚定意志等方面的知识，这样使得学生从心底里对人文素养持有保留态度，部分学生沉迷游戏之中，自身的意志力缺乏，难以静下心来阅读书籍，提升自己的人文知识和人文精神。师范生的人文素养我们一定要加以重视，家庭、社会和学校要形成教育合力，为提高师范生的人文素养共同努力。

一、体制内的弊端导致学生人文素养匮乏

高考文理分科，尤其是理科的学生，他们接触的文科方面的知识比较少，大部分时间都花费在做题上，这就导致一部分同学人文知识是存在缺失的。后续他们选择了师范院校，选择成为一名教师，但是人文知识和能力跟不上去，人文素养又是从事教师这个岗位所必需的，这就需要师范生在大学加强人文素养培育学生也要重视自身人文素养水平的提升。理科生到了高一下学期就不再重视学习历史、政治和地理等课程，高中教育体制的弊端导致之前学理科的学前教育专业学生对人文知识的掌握不够系统完善，甚至人文知识处于空白阶段，到了大学，如果人文知识学习没有细化加强，课堂上没有涉及人文知识，将会影响很多学前教育专业的学生就业。人文知识和学前教育专业学生的文学修养以及语言表达能力息息相关，这些能力对于学前专业学生参加工作后的个人发展也有重要影响。专业能力、职业道德与人文知识、人文精神息息相关，一个德智体美劳全面发展、具有高品位的创新人才，也一定是既具有人文精神和人文情怀的人。反之，则不

利于优秀师范人才的培养，不利于人格的健全和完善。现实生活中，人文素养比较低的学生，容易缺乏挑战意识，情感脆弱，心理素质差，行为处事都比较偏激，容易做出格的事情。因此，人文知识和人文精神的培育，对于学生日后的工作生活都是比较重要的，师范院校尤其要重视学生人文知识的学习，引导学生自觉丰富自己的人文知识，强化自己人文知识，在德、智、体、美、劳全面发展，成为一个具有积极心态、正确信仰的学生。

二、师范生人文素养教育相关制度保障不足

目前，国内高校对于人文素养的研究集中在人文素养缺失导致的问题成因分析与对策研究上，很少有人的研究涉及人文素养教育制度保障上。国内的思政管理部门、思政研究者和专家已经开始重视人文素养缺失对于大学身的作用与影响，积极呼吁、倡导学校教育管理加强人文关怀，通过增设人文素养课程来加强大学生素养，帮助大学生成长成才。他们对人文素养对学生的重要性已经重视起来，但仅仅通过呼吁是很难确保师范生人文素养的提高的，师范生人文素养的提升是需要相关的制度保障作为基础的。但是目前国内缺少与师范生人文素养教育相关的制度保障，缺少人文素养培育课程的系统规划，缺少对人文素养培育成果的肯定，使得提升师范生的人文素养这件事不受重视师范院校负责人，使得师范生的人文素养水平很难得到有效的提升。师范生人文素养的提升是要以相关的制度保障为依托的，没有制度的保障，无法保证师范生人文素养培育的效果和达成度。因此，为了我教育事业健康的发展，为了保证我国教育质量，为了加强教师的人文素养培育能力，为了提升师范生的人文素养水平，人文素养保障制度的建立是必不可少的重要环节。无论人文素养课程体系设计多么完整和系统，确保相关制度的保障是难以将课程实施的。

三、师范生人文素养培育缺乏顶层设计

师范生的人文素养培育，是离不开国家教育政策的支持的。国家出台相应的政策法规作为制度支持，成为提升师范生人文素养水平的基础；各个高校专家学

者设置合理、高效的人文素养课程是提升师范生人文素养水平的有效途径；各个师范类院校将专业课程与人文素养课程有机融合是提升师范生人文素养水平的关键所在。人文素养的培育课程的构建，离不开专业的人文教师的培养；离不开专业课教师的人文知识和人文能力的提升；离不开高校各部门的重视；更离不开国家政策的支持、引导和帮助；更离不开学生对于人文素养的追求。师范生人文素养的提升过程，是各方面力量综合作用的结果，仅仅依靠一方力量，很难实现良好的效果。国家教育部门和各个高校应针对人文素养的培育课程出台相关的政策保护和引导，促进学生人文素养向着规定目标逐步提升。

（一）师范类专业人文素养专门课程设置不合理

我国人文素养的培育课程起步比较晚，虽然在提升学生人文素养方面我们取得了一定的成绩，但是在人文素养培育课程组织和建设方面还有不足，还需要各个高校进一步完善人文素养课程培育体系，优化师资结构，设置合理的高校的人文素养培育课程观，让学生通过课程，进一步促进学生人文能力的提升。目前，我国还没有构建专门、系统且相对成熟的人文素养培育课程体系，人文素养培育课程的地位还处于边缘的化，课程目标不明确，课程内容老旧，课程实施的方式方法死板，课程评价过于片面，这样的人文素养培育课程很难从根本上提升师范生的人文素养水平。没有详细系统的课程规划，人文素养的专任教师和专业课教师对于学生人文素养的培育也是无从下手，很难达到良好的提升效果。此外，学校在开设人文素养培育课程时，没有考虑到学生之间的差异，缺少人文选修类课程，提供给需要的学生自主学习，不断提高学生的人文素养。因此，当前人文素养培育课程体系还处于初级阶段，要想通过人文素养培育课程高效实现育人功能，当前的人文素养培育课程体系是达不到的，人文素养培育课程体系还需要各个专家学者进一步的发展和完善，还需要专业课老师和专职老师的努力，完善人文素养培育课程的体系和标准，让教师在明确教育目标的指引下提升学生的人文素养，优化自身的执教能力，促进学生在校园学习生活中逐步实现人文素养的提升。

1. 人才培养方案的滞后性

师范类院校作为有目的、有计划、有组织培养人的固定场所，可以有效控制和引导学生各个方面的发展，达到良好的培养效果。作为培养学前教育专业学生的师范类院校，要以《幼儿园教师专业标准》《幼儿园教育指导纲要》等相关文件作为制定人文素养培育方案的依据，针对幼儿教师的职业特点和职业的特殊性，与时俱进，进一步完善人才培养方案，设置科学的课程和培育目标，在突出新时代对师范生人文素养要求的同时，增加人文素养相关课程，促进学前教育专业学生知识、能力、素养的全面发展。一方面可以适当调整传统文化内容和国学经典在专业课程中的比重，帮助学生了解优秀的传统文化，养成良好的阅读习惯。在研读国学经典的过程中，启迪智慧、开启心灵、培养良好品德，塑造健康人格，树立正确的世界观、人生观、价值观。另一方面，在加强绘画、舞蹈等艺术课程学习的同时，可以多多开展有关人文知识、社会交往、自我发展等方面的讲座，在帮助学前教育专业学生增强个人生存能力的同时，提升学生的人文素养水平。

对于部分高校而言，根据社会发展和社会的要求，及时调整人才培养方案，促进学生专业知识和技能更新的同时，提升学生的职业素养，促进学生就业，也在一定程度上促进学校教育教学能力和知名度的提升。对于学前教育专业的学生而言，学校对其培养不能仅仅按照过去的要求照抄照搬，对于学生文化知识与素质的培养要与时俱进；对于学生专业技能的培养要多多关注教育界的新方法和新形式，确保教育方法的新颖和高效；对于学生才艺方面的教育，应该采用多样的材料和教具，与时俱进，促进学生才艺的提升。幼儿教师各个方面的发展都不能落下，都应该重视起来，这都跟日后的学习生活息息相关，都要加以重视。现代社会家长和学校对于幼儿教师的要求也在逐步提升，都希望自己孩子的老师具有较高的职业道德，具有较高的执教能力和管理能力，也要具备相关的才艺。因此，各个师范类院校重视学前教师专业的学生德、智、体、美、劳全面发展，为学前教育专业的学生后期工作做好坚实的基础。各个师范院校要做好人才培养方案的工作，使得高校培养人才有明确且先进的培养标准，促进师范人才知识技能和人文素养的提升。

2. 课程目标缺乏准确性

人文素养培育课程教学目标模糊，人文素养培养不鲜明。人文素养培育课程虽然强调了个体的发展，但是在学生对理想人格、人的价值的追求方面是存在漏洞的。在当代，人文的核心是"人"即是尊重人的生命，重视人的价值，关注人的价值，发掘人的潜能，其核心内容是对人类生存和价值的关怀，成为一个全面发展当代人。因此，人文主义培育课程目标的制定要着重突出社会主义核心价值观。在鼓励学生追求成功的同时，也要有积极向上的渴望，潜心奋斗的同时，也要承担自己的社会责任。人文素养培育课程的目标更强调的是社会主义新时代背景下人生观和价值观的塑造，更能体现人文素养培育课程的价值和意义所在，通过人文素养课程的学习，有利于学生形成正确的人生观和世界观，产生追求理想人格的意识和理性行为，促进学生形成应对困难情境的必备品格。尽管对于人文素养培育课程的目标做了比较清晰的定位，但是对于部分高校教师来说，在教学的过程中很容易暴露的问题主要有以下几个方面。第一，过于重视对学生专业知识和专业能力的培养，重视学生对书本上知识的掌握情况，很少引导学生接触接触一些思想道德问题。第二，教学过程中忽略对学生气质类型的指导，尽管学生的气质是受到先天的遗传因素的影响的，但是气质本身是可以通过引导的方式加以改变的，然而，很少有教师将关注点放在对学生的性格引导方面来，导致学生在人文素养培育课程中也没有形成良好的个性特点。第三，在教学的过程中，教师对于学生爱国主义的情怀引导不够，虽然课上会有一些爱国主义的文章供学生阅读，但是很多教师做好爱国主义情怀的引导工作，使得部分学生爱国情怀缺失。比如，在制定课程目标是，要兼顾学生各个方面品格的完善。比如，人文素养的课程体系不仅在提高学生的个人生存能力、集体生存能力和社会生存能力的提高有促进作用，在对师范生的家庭生存能力也要具有很好的促进作用。在制定课程目标时，各方面要兼顾，促进师范生完整人格的形成。比如，教授人文素养培育课程的专职教师在准备这门课程时，都没有明确的教育目标加持，突出强调的是人文知识的获得和讲授情况，对于人文知识能够转化人文精神或者转化率不是很重视，他们只是把人文素养培育课程当成一门普通的理论课来讲授，很难实现提升学生人文素养，培育学生人文精神的目的。因此，在制定每节课的课程目标以及学期目标时，专任教师一定要做好课程规划，选取恰当的内容，实现提升学生人文素养的目的。

3. 课程内容缺乏时代性

人文素养的课程内容陈旧落后，课程内容与现实生活比较远，在教育教学的过程中难以达到良好的效果。其所培育的人才与当今社会所需要的人才不能完美契合，导致人才培养不符合社会发展的要求。人文素养的课程内容，首先要融合人文思政等课程，更要与时代发展和时代进步相一致。要想培养出优秀的社会主义的建设者和接班人，培养出优秀的师范生，我们不仅要重视专业能力的培养，对于学生的卓越人格的培养显得尤为重要。在选取课程资源时，选取与学生工作、生活、兴趣相关的内容，选取与学生年龄特点相契合的内容，将幼教事业所需理想人格与精神文化嵌入到人文素养课程教学中去。同时选取课程资源时，充分考虑到不同年级学生的认知能力，把握好内容的广度与深度，确保教育工作的适宜性和有效性。另一方面，教学内容过于强调传统文化方面，学生只能是被动接受这些知识，学生们自主思考、自由表达的机会不多，在人文素养培育的课堂上没有发挥学生的主体地位，课堂效果不好。比如，在《得失》一课，围绕大学生的现状和心理特点，设计了不同的典型文本案例，在激烈的讨论和辩论中，引发学生对于得与失、好与坏、丑与美的思考，让学生对于社会生活有更好的理解和把握，对人生价值和意义有更高的追求。还有《沉睡中的大学生：你不失业，天理难容》讨论话题等，唤醒大学生的奋斗激情，激发忧患意识，并安排学生在学习、生活、就业、素养、规划、恋爱六个方面进行自我对话和讨论，反思不足，积极调整。在《异类》一课，让学生体验学习和生活中人和事的多样性和可变性，在接纳自己的同时，包容别人，反思自己，锻炼自己的心胸，使自己成为一个更加豁达的人。在《奋斗也是一种幸福》一课中，体会奋斗带来的乐趣和成绩感，鼓励学生积极进取，不断向上，为更好自己而奋斗，为更好的社会而奋斗，为更好祖国而奋斗。因此，人文素养课程内容的要与时俱进，考虑学生认知特点，加入学生感兴趣的元素，让学生积极主动地参与到人文课堂中来，不断提高学生的人文素养水平。

4. 课程实施的缺乏引导性

教学过程中，教师的引导缺失，教学成效不高。教学过程中教师的引导是高效开展教学活动的重要环节，特别是在新的教育模式的影响下，"以学生为中心"的教学理念在传统的"以教师为中心"和"以书本为中心"教学模式中脱颖而出，对教师提出了新的要求和任务。教师要快速调整自己的位置和在课堂中的角色，通过转变教学方法、加大教学过程中对学生的引导，多多开展校园实践活动。在传统的课堂中，教师多以讲授法为主，师生互动很少，一般都是教师讲学生听，教师想要传达的思想，学生入耳不入心，难以产生情感上的共鸣，师生间心灵不碰撞，传统的课堂，老师在讲授"善"时，一般举个例子，叙述一个故事，总结一下，难以触动学生，难以让学生理解"善"的力量，不能真正理解"善"的价值和意义。如果采用"任务驱动，教学做评"课堂教学模式能够有效解决人文素养培育的困境。任务驱动是以建构主义教学理论基础，由此形成的教育方法，在为学生提供生命体验和感悟问题的情境下，通过让学生围绕任务展开行动和讨论，通过任务的完成结果来检验和总结学习过程等，在改变学生的心理状态和学习效果方面有很重要的作用。此模式分七个环节：引导、思辨、议论、展示、评价、力行与体验，使学生主动建构探究、思考、实践、运用，实现学知用行合一，优化人文素养课程设计，完善培育体系。比如，传统的专任教师往往会采用照本宣科的方式来进行课堂活动，将书本上的知识通过直白的讲授传达给学生，不加任何修饰。学生所学皆为课本上的内容，难以实现课程的创生，难以给学生带来新的体验。学生在课上处于被动的学习者，不是积极的探索者和讨论者，很难将人文知识转化为人文知识，进而转化为人文行为。还有部分教师将课堂完全交给学生，缺失能够提升学生的主动性和积极性，但是学生的专业知识和专业能力毕竟是有限的，在课堂环节的把控和课堂内容的选取方面还有很大的问题，还需要老师进一步的指导和帮助。教师对于课堂的引导是尤为重要的，她影响着课堂内容深刻性，课程目标的达成度，课程进程的流利性。

5. 课程评价的片面性

传统思政教育评价方式比较单一，通过学生的答题情况来了解学生的人文素养水平，答题结果作为判定学生的人文素养情况的评价方式显得过于片面和刻板，不能真正了解学生的真实情感和道德水平，导致有些毕业生走上工作岗位后职业道德素质较低，引发一系列严重的社会问题。时常爆出的幼儿教师"虐童"事件就反映了个别幼儿教师丧失职业道德，人文素养水平低下。职业道德和其人文素养紧密相关，人文素养水平很低，其职业道德水平也不会很高。新时代背景下，国家和社会层面都对幼儿教师的职业素养提出了更高的要求，在评价学前教育专业学生时，不仅仅是看其专业知识和技能，更要关注其人文素养及道德品质，各高校需要改革传统的评价方式，运用更科学、多样的评价方式。更新人文素养的评价方式，对学生人文素养的真实情况给予准确的评价，对于学生来说是具有积极意义的，学生可以通过多角度多层次的评价中看到自己的优点和不足，这样使得学生后续提升人文素养更有方向和动力。我们对学生人文素养的评价，采用多样的方法和多维的角度，这样获得真实可靠的结果，也有利于保证教育公平。比如，部分院校对于人文素养的考察方式还是停留在笔试阶段，这其实对学生来说很不友好，人文素养的最终目的是提升学生的人文素养，仅仅通过笔试难以真正掌握学生的人文素养水平。因此，在对学生的人文素养进行评价时，不仅要做到理论和实践相结合，还要对人文素养培育课程的评价方式和评价标准都要加以细化，实现人文素养培育课程评价体系的公平有效，促进学生人文素养水平的提升。

传统的课程评价围绕学生进行的，对于教师的人文素养、教学能力和教学结果评估不重视，也没有涉及对教师教学内容的选取和教学过程的评估。新的课程评价模式是需要关注到教师自身的人文素质，结合教师对于课程内容的选取、教学方法的选用、教学过程的把控和教学效果的达成度这些方面，如果仅仅涉及对学生人文素养培育课程全方位的评价，没有涉及对教师和教师工作的评价，这样的评价是不客观的、片面的评价。对教师和教师工作进行全面评估也在一定程度上提升人文素养培育质量，督促教师认真选取教学内容和教学方法，对教学过程严格把关，进一步提升学生的学习效果和教学效率，同时，教师认真备课，认真做好教育活动的过程中，教师在教育活动中人文素养也会获得进一步提升。比如，在对教师进行人文素养培育课程评价时，除了对学生进行评价，也可以在课堂上对教师的执教能力和教学设计进行评价，通过学生的人文素养的提升情况的了解对教师做出评价。

师范类院校不仅要增设人文素养培育的相关课程，如文史类、天文类、地理类、艺术鉴赏类课程，丰富学生的人文知识和人文体验，而且这类课程给学生以启迪和思考，引导学生去思考人生的目的、信仰、价值和意义，鼓励学生追求完美人格，在学生心中建立正确的价值观念。优秀的人文知识不仅可以让学生体会真善美的价值和意义，也是我们人生中宝贵的精神财富。只有完成从人文知识到人文精神的转变，才能真正提高当代师范生的人文素养水平。高校尤其是师范类高校在开设人文素养培育课程时，不但要对教师人文素养水平严格把关，对教师的执教能力和教学方法也不能放松要求。教师是学生灵魂的引路人，教师的质量对于学生影响深远，我们为了学生后续的成长成才，一定要严格把控人文素养培育课程的质量，构建完善人文素养培育课程体系，及时更新完善人文素养培育课程内容和方法，定期组织教师更新人文知识，将提升大学生的人文素养水平放到重要位置上来。

（二）人文素养教育与专业课程教学的融合缺失

1. 专业课教学中凸显人文素养的重要性

教师在传授专业知识和技能的同时，为了追求上课的效率，通常只讲解专业知识和技能的重点内容，很少进行相关内容的延伸，很少有教师能够将人文素养培育加入课程中来，这就导致大学的专业课与人文素养的培育课程分离开来。大学生人文素养的培育，不仅仅是依赖于专门的人文课程教学，而是应该穿插到大学学习的整个生涯。因此，专业课教师在进行专业知识和专业技能讲授的同时，还应该把人文素养的培育放在重要位置上，有意识的引导学生，在掌握专业知识的同时，联系生活实际，诱导学生对自身道德品质和行为方式进行反思，以专业课为蓝本，提升学生的人文素养水平。比如，专业课教师在讲解专业知识的过程，涉及职业操守以及工作主义事项时，总是一笔带过，虽然教师的专业能力强，但是，学生后期走上工作岗位的发展不仅仅是取决于学生的专业能力，更重要的是学生的职业道德和坚定职业追求。教师在讲解专业知识中穿插人文素养教育，对于学生来说也是一个状态调整的机会，也可以借鉴一下教师的经验教训，避免同样的错误，这对于学生日后走上工作岗位是具有积极的意义的。有些职业具有特殊性，教师更具经验，更能给学生提供可靠的建议或者意见，对于学生来说比专业知识和能力对自己更有利。律师是人民心中正义的守护者，当然也有律师利用其专业知识，枉顾事实，去维护犯罪者的利益的。律师李某专业能力非常强，他的客户对他很满意，但是业界跟他合作过的律师都比较排斥他。他为了获取当事人高额的代理费，枉顾事实，利用法律的漏洞，玩文字游戏，为了获得高额的报酬昧着良心打官司。缺少明辨是非能力的律师，再也不是保护弱者的有效武器，是强势一方逃避罪责的保护伞。

2. 平衡人文素养与专业能力之间的关系

虽然专业课与人文素养培育课程在内容上有很大差别，但是两者之间也是密不可分的。专业课老师要认识到，专业课程固然重要，但是其也不能脱离人文素养培育课程而单独存在，否则，学生只具备专业知识却缺乏良好的道德素养是很难在竞争激烈、人际沟通复杂的社会中立足的。同样人文素养的培育也离不开专业课程的学习，反之，学生虽然具备优秀的思想道德素质，但是没有过硬的专业能力，也是难以在社会上立足的。因此，在日常的教育教学工作中，高校必须平衡两者的关系，在保证学生具备专业能力的同时，也要具备较高的思想道德素质。只具备了较强的专业知识和专业能力，缺乏最起码的道德修养，对于自身和社会来说都是不利的。利用自己职业和专业知识违法犯罪的人，都是缺乏正常的社会责任感，他们是精致的利己主义者，仅仅考虑自己的利益和前途。因此，专业知识和人文素养对于当代的青年学生来说不可或缺，专业课程老师在给学生讲授专业知识的教学中，要结合现实生活，对学生进行正确引导，使学生成为一个既具有立足于社会的专业能力，也具有在岗位上长远发展的道德品质，专业知识能够决定你走多远，道德素养决定你能走多远，走多长时间，二者不可或缺。

人文素养内容涉及广泛，涵盖了人文课程、思政课程、学科课程与专业课程的知识与技能，学前教育专业学生所必需的人文底蕴与人文精神也是包含在内的。克服人文思政类课程之前的学科壁垒、各自为政、庞杂体系、内容交叉重复、设置随意、目标不明等弊端，深入挖掘这些课程蕴含的真、善、美元素，发掘课程蕴含的内在精神，不断实现人文素养培育的教学目标显性化。为了使人文素养培育落地、生根、开花、结果，人文素养培育课程应聚焦于新的时代，聚焦于特定的人文素养培育目标，紧扣人文素养核心要素，重锤实锤。在课程开始之前，课程设计者充分考虑学前教育专业学生的特点，从自理能力、行为习惯、自我发展、人际交往、学业追求、安全意识六个维度出发，聚焦大学生一个又一个真实的案例与生命体验，在专业课程教师的引领下，围绕目标，不断识理、悟理，学生逐步认识自身存在的问题，修正自身，就像丢弃的"烂白菜"，重塑自我。其次结合当地特有的文化内涵，弘扬当地优秀的人物故事，结合实事，丰润人文课程的内容，同时普遍存在是一百六十个问题，制成预实践表，在人文素养课程学习过程中，通过兼顾学前教育专业人才培养方案和未来幼儿教师的行业需求，重新构建的教学内容要能充分考虑到培育学前教育专业学生基本人文素养和必备的职业通用能力，形成特色鲜明的教学内容，切实做到教学内容"宽厚精新"。①

（三）人文素养培育课程与传统文化相分离

在校园文化建设中，对优秀的传统文化的认识不足，认知程度不高的现象仍然存在，具体表现在对传统文化认识程度不深，对传统文化不加以辨别，对传统文化的理解存在误区，以偏概全，甚至还存在对优秀的传统文化全盘否定的现象。近现代以来，中华民族历经磨难，遭受了百年屈辱，导致部分中国人开始对自己的文化产生了质疑，开始否定五千年来遗留下来的传统文化。中国优秀的传统的文化是先辈们给我们留下来的优秀的文化遗产，历经千年风霜，经过了时间

---

① 董耀金，赵立国. 研读国学经典培养提高幼儿教师的人文素养 ［J］. 学理论，2011（12）：291-292.

和战争的考验。在校园文化建设中，全面开展校风、师风、学风建设，将优秀的中国传统文化中的精华在校园文化中展现出来，展现学校教师的师德师风，宣传教师的恪尽职守、严格自律，树立教师为人师表、以身作则的形象。同时，也要加大对学生优秀传统文化的教育力度，培养学生勤奋自律、积极向上、谦虚好学、乐于探究、勤于思考的学风，培养学生团结互助、快乐和谐、积极乐观、勇于进取的班风。校园文化建设不能脱离中国优秀的传统文化，中国优秀的传统文化为校园文化建设提供了安全可靠的土壤，提供了发展的可能。中国优秀的传统文化，要求我们要尊师重教、谦虚好学；要求我们朴素文雅、仪表端正；要求我们注重礼仪、举止规范；要求我们注重卫生、衣着整洁。总而言之，师生之间的一举一动都体现了校园文明，都是校园文化建设的一部分，只有中华优秀传统文化的在校园文化建设中生根发芽，校园文化建设才具有无穷的生命力和活力。比如，部分高校学生受到西方输出的文化和价值观影响，开始摒弃、否定中国优秀的传统文化，这是比较片面的观点和做法。中国文化讲究互利共赢、集体主义，西方文化鼓吹的是独善其身、英雄主义，文化不同，其中的思想和理念不同，我们的文化有着重要的价值更适宜中国的土壤和环境，不能一味罔顾事实，鼓吹西方文化，这是文化不自信的表现，也是对自己不自信的表现。

中国优秀文化融入校园文化建设，可以加深学生对中国优秀文化的认知，也可以拓宽学生的知识面和眼界，有助于学生形成正确的人生观、价值观，同时，为学生的学习与生活提供方法、理论上的指导和精神上的支柱。[①] 毕竟，中国优秀的传统文化是中华民族在漫长的历史过程中形成的，是中华民族智慧的结晶，是历经五千年风雨的洗礼而不衰的优秀文化。因此，将优秀的中国文化带入到校园文化建设中来，不仅有利于传统文化的传承和弘扬，对于学生的全面发展也具有重要的实践价值和意义。

学前教育专业学生人文素养的培育，不仅仅是提升其能力，关键在于对其精神层面的塑造。就是在课堂中，要做到以学生为中心，以课程为载体，引导学生积极深入地了解社会文化，对当前的民生问题产生积极的认识。专业教师在积极

---

① 陈芳 . 中华优秀传统文化融入校园文化建设的思考 ［J］. 文学教育（上），2021（12）：158-159.

开展人文素养的培育课程时，建立起其对生存价值和自我价值实现的正确认识。帮助别人或者向别人学习时，不带有功利性和很强的目的性，在人文精神的指引下给予别人更多的尊重和关心。专任教师一定要将我国优秀的传统文化融入人文素养培育课程之中，只有这样，我们优秀的传统文化才能得到很好地弘扬和发展，并对应承担的社会责任抱有高度的责任心和使命感。因此，组织学生学习、了解我国优秀的文化和历史，形成和谐的思想文化氛围显得尤为重要。

四、缺少高水平的人文素养培育师资队伍

师资队伍的建设是教育工作中具有战略性意义的基础工程，建设一支高水平的师资队伍是逐步推进新课程改革的重要保障，是教学效率的保证。"政治素质过硬、业务能力精湛、育人水平高超"作为新时代加强教师队伍建设的根本要求与基本标准，也充分体现总书记对教师队伍的亲切的关怀。高校应结合自身实际，构建一支符合教育改革和发展要求的教师队伍，促进教师快速成长。各个高校人文素养的培育课程起步比较晚，教师对于人文素养的重要性认识不足，同时，教师对于人文素养培育课程目标、内容都处于起步阶段，这就在一定程度上限制了高校人文素养培育能力的提升。好多专业课教师没有接触过人文素养课程，自然而然，在进行教育教学过程中，就不知道如何将人文素养教育融入课程中，也不知道用什么样的教学方法可以获得好的教育效果，也不清楚将学生的人文素养提升到什么水平才可以实现教学目标。缺少高水平的师资团队是目前高校提升学生人文素养的一大难题。高校师资队伍水平在一定程度上决定了学校的教育质量，教师的教学特点、教学风格也深受学校的校园文化氛围的影响。培养出高水平的师资队伍，对于任何一所高校来说都是非常必要的。

（一）教师人文素养水平参差不齐

近些年来，高校强调的是教师知识技能的传授，对于学生人文素养方面的教育存在着不足，这就导致部分教师在传授专业知识和技能的同时，很难将人文素养教育贯穿其中，忽视对于学生人文素养方面的教育。与此同时，部分教师自身的人文素养水平低，本身存在着很多不足，更难以在课堂上给予学生人文素养方

面的正确引导。高校对于教师人文素养课程方面的培训过少，导致教师对于人文素养课程无从下手，课程组织和实施没有计划性和连贯性，严重影响教育质量。部分教师自身忽视对自身人文素养的提高，在长期的工作中，对人文知识学习的意识不够，导致教师自身人文素养不高。教师具有较高的人文素养对于其顺利开展人文素养教育工作是有益处。高校负责人要针对提高教师的人文素养水平给予重视，更要加强对于教师的引导和培训，不仅让教师从思想上重视人文素养，还从行动上自觉提高人文素养水平和人文素养课程的执教能力。教师是人类的工程师，她从事的是伟大光辉的事业，她为我们培养一代又一代的社会主义建设者和接班人，她是我国优秀传统文化的传承者和弘扬者，承担着重要的任务和使命。各个高校一定要重视教师队伍建设，重视提升教师人文素养水平和执教能力，确保学生在校园中能够高效的获取知识，能够形成正确的道德素养，能够正确树立自己的理想信念。

1. 学校相关负责人没有意识到人文素养的重要性

人文素养对于个人发展所起的作用要比数理能力重要得多。教育力量蕴含在人文素养的底蕴之中。只有学校的相关负责人能够认识这一点，将专业知识教育与人文教育并重，从根本上扭转重专业轻人文的思想，才可使学校在众多学校中脱颖而出，立于不败之地。学校负责人要有意识地将提升学生的人文素养贯穿到学生的日常生活学习中，在教学中，督促教师重视人文素养培育，在校园实践活动和校园文化活动中，体现人文精神和人文关怀。高校负责人应该将文化创新作为高校文化建设的正确价值导向，开展具有创新性、灵活性的校园文化活动，在重视人文素养课程时，应重视学生对于习近平新时代中国特色社会主义思想，保障校园文化建设时刻保持生命力和创造力，坚定不移地保持校园文化建设的先进性，用先进的校园文化建设感染学生的思想和灵魂，培养出较高的综合素质人才，提升学生的创新能力、向心力和凝聚力，把校园文化的高度和品位提升到更高的台阶，创造出有利于学生成长成才的校园环境和氛围。比如，部分高校负责人只抓教育教学工作，对学生的学习和生活管控很严，针对学生的日常生活制定了一个又一个的规定。但是，在提升学生的人文素养方面，高校负责人是处于缺位状态。对学生的人文素养课程不关注、不重视，开展校园实践活动紧紧围绕着学生日常，没有体现文化价值；举行的学术活动都是围绕学生的专业知识和专业能力，没有涉及人文方面。学校相关负责人不重视，高校的人文素养提升工作也不会获得较大的效果。校园实践活动和学术交流活动中也没有很好地体现校园文化，对学生人文素养的培育没有任何实际价值和意义。

2. 专业课教师人文教育理念缺失

不少专业课老师也在不同程度上重视对学生知识能力的培养，轻视人文素养的培育。很多专业课老师都将学生的专业知识和技能作为衡量学生素质、学校办学标准的重要指标。专业课老师认为，只要学生的专业知识和专业技能过关，毕业找工作、竞争上岗就并不会有太大问题。专业课教师还认为大学生的人文素养主要是由基础公共课的教师负责，不是其主要的教育任务，自己的教育任务就是教好专业课，帮助学生掌握好必备的知识和技能，并强调自己所教授的知识和技能对于学生就业才是至关重要的。专业课教师为了追求课堂效率，大部分的知识都花费在专业知识和专业技能的讲解方面，对学生性格和思想方面的引导是属于缺失的状态。知识技能教育和人文教育被认为的分割开来，专业课教师与人文学科教师互不沟通交流，他们虽然面对同一批学生，但是开展的互不相关的教学活动，整体上不利于学生人文素养的提升。这种做法从根本上来说忽视教育的本质，不能达到提升学生人文素养的效果。因此，在实际的专业课教学中，培育人文素养的机会很少，导致学生的人文素养难以提升。大学生的人文素养的培育是需要各个专业课老师日复一日的引导，不是通过几次讲座、几次校园实践活动就能够做好的。在大部分高校中，专业课教师的课程时间是很有限的，他们为了保证学生较好地掌握专业知识，他们将课堂上 90% 以上的时间都用来讲解课本知识，有关职业素养、人际关系、社会规则方面的知识，老师总是让学生自己感悟。对于缺乏社会经验的学生来说，他们是很难凭借想象和猜测来去积累这些知识和能力的。在学前教育专业课程中，专业课老师会讲到师风师德，但是对于师德师风的讲述总是围绕着一堆堆道理来进行，很难让学生从心底感知师德师风对于教师的重要性，教师陈述，学生听讲，难以达到很好的课堂效果。还有些专业课教师知道人文素养对于学生很重要，但是课上是很难涉及这方面的内容，一是课上时间很紧凑，没有多余时间；二是教师不知何时以何种方式将人文素养的相关课程加入课堂中来；三是教师对于人文素养知识了解不深，难以对学生起到很好的引导作用。

学前教育专业教师作为学前教育专业学生的培育者、引领者，教师的人文素养水平和培育能力与学生的人文素养培育效果具有直接的关联，直接关系到我国学前教育师资的质量，因此，强化教师队伍建设，提升学前教育专业教师人文素养水平，对于保证学前教育专业学生人文素养培育的顺利进行尤为重要。专业教师不仅要具有渊博丰富的专业知识，更要有高尚的道德情操。这要求高校对任课教师进行人文素养课程的培训，促使和帮助学前教育专业教师深入了解人文素养内涵，深化人文素养教育理念，深刻认识到人文素养培育的重要性，提升教师的人文素养水平。教师自身也要不断地强化自身的人文知识，自觉提升人文素养，让学生在课堂上不仅掌握了专业知识，对于职业道德、社会规则、人际交往方面的知识给予引导，让学生更好地适应以后的工作和生活，帮助学生少走弯路。

（二）专任教师的人文素养培育能力不足

1. 专任教师的人文素养水平低

教师和学生是教育活动顺利进行的基础，教师与学生的关系也在影响着教育效果，如果教师的人文素养不高，在教学过程中和与学生的日常相处中，无法发挥出教师的榜样作用，难以对学生产生潜移默化的影响。因此，教师要经常进行自我学习，不断深入对儒家思想和哲学思想的认识，同时要了解学生的心理特点和认知特点，以学生能够接受的形式来去讲解和传授。专任教师在传授人文知识和人文精神的过程中，应该要注意将传统文化与时代背景相结合，去粗取精，去伪求真，将文化的精华部分传达给学生，让他们多维度地了解人文历史和社会文化。这样，学生就会形成辩证的思想和观点，对人类生存的意义和价值建立新的认识。要给学生一杯水，教师应有一桶水。教师只有具备更高的人文素养，才能让学生在人文素养培育课程中获得较大的收获。教师不仅需要自觉学习，提高人文知识和素养，而且还需要经常性地参加人文知识的培训，扩大自己的眼界和学识，成为一名合格且专业性强的人文素养教师。部分学校的人文素养专任教师的课程紧紧围绕着课本进行，课本之外的知识，一概不知，这样的教师难以达到学生的要求，在提升学生人文素养方面难有较大成效。教师的学识对于学生更有魅力和吸引力，作为一个人文素养培育课程的专任教师，不断提升自己的学识和能力，不仅是自己的责任，也是对自己负责，更是对学生负责。有些高校人文素养培育课程的专任教师，在上课过程中，仅仅是对课本内容一字不落的表述，课堂教学中很少涉及老师自己的观点和想法，没有一点新意。学生需要的人文素养教师本身就是要有丰富的人文知识，通过课内外知识的摄入，让学生学有所得。甚至有的老师课上讲授的人文知识漏洞百出，让学生对老师心生厌烦。教师可以靠个性暂时性的获得学生的喜欢，但这不是长远之计，学生自古以来还是倾慕才华出众，厚德载物的老师。教师的人文素养水平和教学能力的对于学生来说是更重要的。

2. 教师教学方法单一

部分高校的教师，虽然具有较高水平的人文素养和执教能力，但是很难以恰当的、高效的、学生容易接受的方式讲授，导致学生在接受人文素养方面的教育时效率低下，难以达到很好的效果。很多高效的优秀教师，没有接受过人文素养方面的培训，所以在进行人文素养方面的教育时，力不从心，在提升学生人文素养方很难做出成效。因此，高校开展教师人文素养执教相关培训，对于提升教师的人文素养执教水平和学生的人文素养水平有重要的意义。教师应该着眼于当下的现实问题和教育成果，对教育内容以及教育形式加以创新和完善。专业教师要以问题为导向，有针对地提高自己的教育水平，更新教育方法，让学生在课堂中学有所得，令学生的知识素养和能力得到提高，能更好地适应工作岗位，更具有竞争力。教师的教学方法单一，授课方式一成不变，只会让学生快速地产生厌倦心理，影响学生的学习效率，不利于学生高效地掌握人文知识，将人文知识转化人文精神，进而转化为人文行为。专任教师在课上不能再采取"一言堂"的做法，将课堂还给学生，采用不同的教具和上课形式，大量的时间留给学生，让学生积极讨论，鼓励学生大胆质疑，打破传统的师道尊严，充分调动学生的积极性和自主性。教师采取多样的教学方法可以增加课程教学的趣味性，吸引学生兴趣和注意力，学生也会对教师的专业知识和专业能力更认可，更配合，更有利于教育教学工作顺利高效地完成。比如，有些学前教育专业课教师，把一些后期上课所用到的教具、图书、游戏活动带入大学生的课堂，大学生在愉悦的课堂上不仅学习到专业知识和技能，也掌握了组织、开展游戏的方法，体会到了集体的力量，协作的力量，学生们对这样有趣生动的课堂终生难忘。在后续的工作中，学生也会采用同样的形式开展教学，学生真正体会到了课堂的价值和意义，也愿意采取这样的形式引导、教育孩子。

3. 教师自身的道德素质不高

"师者，所以传道授业解惑也。"教师的使命不仅仅是传授专业知识和技能，更重要的是教会学生如何做人做事。教师自身思想和行为在日常相处中会对学生产生潜移默化的影响，所以教师自身的品德言行出现偏差，即使课上是正气凛然，但是对于学生价值观和人生观的塑造是具有影响的。其身正，不令而行，其身不正，虽令不从。由此可见，教师自身的素质对于学生的影响之大。自古以来，我们都倾向于选择德高望重之人做我们的老师，我们希望成为像老师一样具有高尚品德，受人敬仰的人。因此，学校在选择教师时，在强调教师的专业能力和技能之外，对教师自身的道德素养也要严格把关。自古以来，颇具盛名的教师都是才高八斗、德高望重之人，二者缺一不可，只有才学，没有德行，也不会受到学生的欢迎。比如聂咏梅老师，她在 30 年的执教生涯中，时刻以严格的标准要求自己，热爱学生、团结同志，在平凡的岗位上做出了不平凡的成绩，深受学生的爱戴；她经常参加专业知识培训，认真备课，钻研业务，虚心求教，只为提升教学能力，促进学生学习。她将陶行知的"捧着一颗心来，不带半根草去"当作自己的人生信条。她通过自己的言行，感染着学生去热爱劳动，关爱老人，帮助同学。她将成为学生心中的一道光，照亮学生前行的路，指引着学生成为具有较高道德素养的人。陶行知被宋庆龄称之为"万世师表"，这是对其人格和才学的高度赞扬。蔡元培是我国著名的教育家，他一生淡泊名利、廉洁奉公、为国尽忠；他勇往直前、不畏强暴、敢于负责、坚持知识分子的独立人格；他节衣缩食、资助学生、克勤克俭；他安贫乐道、不附权贵、为众服务，他用自己的人格魅力征服了北大学生，影响着一代又一代北大人。"七一勋章"获得者、丽江华坪女子高级中学校长张桂梅，始终把教书育人、立德树人当做自己的人生理想和奋斗目标，矢志不渝、执着追求，为党和人民的教育事业奉献一生。她为了华坪女高学生真是呕心沥血，倾其所有，用自身的人格鼓舞和激励了一批又一批的女生走出大山，摆脱命运的束缚，成就更美好的人生，在祖国的各个角落贡献自己的力量。她用其一生去诠释人民教师这个光荣的职业。教师自身的素质对其学生的影响是一生的，对学生价值观的引导也是一生的。她的学生有的成为像她一样的教师，承担着教书育人的任务；有的成为一名人民警察，保卫一方平安；有的成为一名律师，捍卫着人民的权利。

　　教师具有了较高的人文素养还需要具备较强的执教能力，才能把学前教育专业学生人文素养的培育落实。高校多多开展与教师提升人文素养执教相关的培训，以教师为中心，不仅要充分发挥教师教学的主观能动性，注重每一位教师的个性化发展，还要充分增强教师人文素养的培育能力。增强教师对学生人文素养培育教学能力，掌握人文素养课程教学的方式方法，把人文素养课程真正融入每一节课，每一处教学活动中，每一次谈话中，让学生无时无刻不受人文素养的熏陶，从而达到提升学前教育专业学生人文素养的目标。

　　总之，新时代教育背景之下，我国教育领域必须重视教师人文素养的提升，在师生的互动交流中，让学生逐步摆脱功利性的学习动机，将自我价值的实现与社会进步联系起来。教师要进一步提升自身的人文素养水平和道德素养，不断丰富完善人文课程体系，提升学生的知识水平，使他们在学习专业知识和技能的同时，也逐渐获得良好的科学精神和人文精神，对于人的价值、科技价值、教育价值等建立正确的认识，在以后的工作恪守职业道德，不断更新知识，不断完善自身，不断的追求自我进步，获得自我实现。人文素养对个体造成的影响不是一时的，而是一生的，它提升我们个人修养，让我们更好地与人相处，建立和谐的人际关系；它提升我们的规则意识，让我们更好地适应社会，立足于社会；它促使我们不断地完善自身，让我们不断地优化自身，成为更好的自己。

五、校园文化对师范生人文素养的正向影响不够

当今，我国各大高校已经重视校园文化建设工作，各个高校的校园文化建设已经取得明显成效。随着教育和科技的发展，各个高校也在各方面进行着教育改革和创新，对于人文素养培育课程也越来越重视，对于学生的人文素养水平的关注度日益提高，人文素养的培育课程也是争相开设。各大院校的校园文化建设也在一定程度上代表着学生的人文素养水平。良好的校园文化也在直接或者间接地影响着学生的思想和行为。校园文化对于学生会产生潜移默化的影响，因此，打造具有人文特点的校园文化对于提升学生的人文素养具有重要的作用。我们部分高校的校园文化一直强调的是学生的学业，对于学生的人文素养方面强调不多。近些年来，随着校园霸凌事件以及校园暴力事件的发生，各个高校越来越重视学生的人格和道德水平，在关注学生学业的时候，同样关注学生的人文素养水平。良好的校园文化离不开一代代学生的努力传承，也离不开学校教师和领导的支持。校园人文氛围的建设不够，学生难以在校园文化中获得精神的滋养。

（一）良好校园文化人文建设不够

怀特海曾指出"文化是思想活动，教育所要传授的是对思想的力量、美、条理等深刻的认识，以及一种特殊的知识，这种特殊的知识和知识掌握者的生活有着特别的关系。"[①] 校园是学前教育专业的学生学习生活的场所，校园文化氛围对于学生的成长成才是具有影响的。校园文化是与学校的人文背景和学校的制度措施息息相关的。优秀的校园文化对于提升学生的人文素养具有潜移默化的影响，在陶冶学生的人文情操方面具有积极作用。高校的校园文化是由学校的人文景观、校风校纪、校园环境和校园氛围相互作用的结果。如果想通过校园文化提升学生的人文素养，我们必须重视学校的人文景观建设，通过人文景观宣传学校的办学理念和学校的办学背景，让学生在了解学校的办学历史的前提下，深刻理

① 怀特海. 教育的目的［M］. 北京：三联书店，2002：21.

解学校的办学理念。一个学校的校风校纪对于维持一个稳定和谐的校园环境是非常必要的，作为师范类院校一定要严肃校风校纪，维护好学校的正常的办学秩序，保证师范生正常的生活和学习。校园环境对于提升学生的人文素养具有重要的作用，身处一个贫瘠的环境之中，每个人的心境都会发生变化。师范生是朝气蓬勃的、有无限可能的，他们所生活的环境应该是绿色的、充满生命力、积极向上的。校园里和谐平等的师生关系，团结友爱的同伴关系，对于学生的健康成长来说是非常有必要的，学生在一个放松愉悦的环境中，不仅有利于学生的学习，也有利于学生的人文素养水平的提高。

1. 过度重视理论知识而轻视人文思想

校园文化中蕴含了学校的办学理念、人文、风格等特征，如果没有秉持以人为本的教育理念，就不会有系统完备的治学理念，那么校园文化的存在将毫无价值和意义。事实上，学校关注的是学生理论知识的学习，对于学生人文素养方面的重视不够，对于校园文化建设方面缺少长期系统的规划，从而在校园生活中，学生也感受不到校园文化的引领作用，自然无法在潜移默化中提升自己的人文素养。校园文化中蕴含的思想、理念、人文、风格等特征，以人为本的教育理念没有在校园文化中生根发芽，学校也很难形成系统而完整的教育理念，那么，校园文化的存在将是毫无意义的。理论知识的学习可以增长一个人的知识和才能，但是理论知识对于个体个性品质的影响微乎其微。一个人只具备一些理论知识，没有家国情怀，没有良好的思想品德，对社会来说就是一颗大毒瘤。可见，理论知识的学习固然重要，但是人文思想对一个人的作用也是不可忽视的。21世纪，思想战是比武器战、科技更能摧毁一个国家，更能毁灭一个民族。比如，台湾的间谍事件让我们意识到，思想可以控制一个人的言行，不良的思想也可以泯灭一个人的家国情怀、良知，走上叛国的道路。思想是新时代的武器，思想的力量超出我们的想象。人文素养教育中所饱含的家国情怀、爱国主义思想，是我们每个中国人都应该牢记在心的。培养各行各业的工作者要热爱自己的国家，为自己的国家贡献自己的智慧和力量，这比理论知识教育更重要。

2. 过度重视制度管理而轻视文化教育

当前，校园文化建设中将制度管理放在重要的位置上，忽视文化教育的现象层出不穷，将文化教育与制度管理分割开来。规范的管理制度是维护学校秩序和建设优质校园文化的基础，但是必须把握好制度管理和文化教育之前的关系，用文化教育来引导学生的行为，用制度来约束学生的行为，在文化教育和制度约束有效融合的情况下，才能实现优质校园文化建设。[①] 因此，部分学校企图通过严格管理来压制、控制学生的言行是远远不够的，必须与文化教育相结合，让学生从心底认可学校的规章制度，自觉履行、注意自己的言行才是校园文化建设的目的所在。比如，某个高校禁止男生女生交往在网络上引起极大的争议，认为 21世纪的中国还出现这样迂腐的规定实在是可笑至极，在众多网友和学生的反对声中，终于作罢。学校制度的规定应该从人性化的角度出发，不应该禁止男生女生交往，应该允许男女生正常交往，开设相关的课程帮助学生形成正常的恋爱观，学校为了省事省力，采用一刀切的做法是不合理的。当然，也有很多高校做得很好，会针对不同年龄的学生开设相关的课程，比如恋爱课、女性心理学课程，这些课程会使男性更了解女性心理，更容易站在女性的角度思考问题，也有利于避免两性冲突。复旦大学开设的恋爱课程深受学生喜欢，学生通过恋爱课程知道如何与人相处，如何与异性沟通交流，了解男性思维和女性思维的差异，有效避免男女冲突，帮助学生提升沟通能力的同时，也帮助学生形成了正确的恋爱观。部分高校不应该阻止男女生相处，应该帮助他们建立正确的恋爱观念，在恋爱中学会保护自己，学会站在对方的角度上考虑问题，建立正常的两性关系。通过迂腐严苛的管理只能取得暂时性的效果，难以保持长久的稳定，对大学生不能采用严格管制的态度，大学生是具有自主性、思想的，对学生进行制度管理时一定要从人性化角度出发，从现实出发，考虑制度的可行性和学生的可接受性，否则，只会适得其反，浪费资源，无济于事。

[①] 郑金召，王琦. 基于高校思政教育视域下校园文化建设路径 [J]. 边疆经济与文化，2022（1）：114-116.

3. 过度重视专业而轻视人文

目前，师范类专业的竞争越来越激烈，为了使学生步入工作岗位更具有竞争力，部分高校将学生的专业知识和专业技能摆在重要位置上，对人文教育没有给予高度的重视。在这样重视专业知识而轻视人文教育的校园中，校园文化建设是存在缺失，不完整的。事实上，高校办学目标不仅仅是集中在专业技能的教学中，人文知识和人文精神更是重要的一部分。对学生专业知识和专业能力的考核情况也在一定程度上反映出教师教育能力，通过学生学业成绩对教师执教能力进行评价，使得一部分教师不得不在课上花费大量的时间对学生进行专业知识教育和专业技能培养，也就没有时间进行一些人文知识教育。对于学前教育专业的学生来说，人文素养比专业知识和专业能力更重要，因为她们以后面对的是天真烂漫的孩子，孩子需要善良、有耐心、性情稳定、有爱心、有正确三观的教师，保障孩子健康安全是第一位的，其次才是对孩子进行知识和习惯的教育。对学前教育专业学生的人文素养培育课程是必不可少，是各个高校必须加以重视的。幼儿园的孩子年龄在3~6岁，这个年龄是他们生活习惯和行为习惯养成的阶段，也是他们建立正常的荣辱观、道德观的阶段，如果遇到一个人文素养比较低的老师，对幼儿行为和心理的影响是终身的，将会给孩子留下一生的阴影。

(二) 通过校园文化培养学生人文素养的意识不强

校园文化是以学生为主体，以课外文化活动为主要内容，校园文化建设是以学生为主体，校园为主要空间，涵盖院校领导、教职工在内，以校园精神为主要特征的一种群体文化。校园文化是社会整体文化的一部分。校园文化一般取自该学校的精神文化的含义。对于高校文化建设而言，不同高校的文化建设所弘扬的理念不同，与学校的发展历史和办学过程是息息相关的。高校在发展的过程中，应该重视高校的校园文化建设水平，重视对学生的教育，在教育学生的过程中，充分发挥校园文化的陶冶作用，加大校园文化建设工作，利用校园文化来做好育人育才工作。校园文化对学生的影响是潜移默化的，它可以在不知不觉中影响学生的行为和思想。积极健康的校园文化活动不仅可以帮助学生拓宽眼界，也可以为学生提供与人交往的机会，锻炼与人沟通协作的能力，促进学生自我发展和完善。师范类院校更要培养师范生与人沟通交往的能力，对于学前教育专业的学生来说，人际交往与沟通能力对于后期的学习、工作和生活都是至关重要的。丰富的校园文化活动不仅可以增强学生的幸福感，也可以培养学生的成就感和责任心，学生在积极参加校园文化活动的同时，逐步地认识自己，修正自己，不断的优化自身，人文素养水平得到提升。校园文化活动所传达的理念对于学生的影响是动态的、迅速的，学生在参与校园文化活动中，通过前期的活动准备，后期的活动总结，能够更深刻地感受到学校传达的理念。比如，师范类院校开设的文体竞赛、诗歌朗诵等活动，不仅加强师范生的人文知识，培养学生的道德情操，在活动中也锻炼了师范生的心态和能力，并能使学生增强自己的人际交往能力和集体荣誉感。除此之外，结合所学的专业知识开展寓教于乐的校园文化活动，也能很好的促进学生产生追求学业的意识，促进学生综合素质的提高。比如学前教育专业可以组织学生进行红歌赛，在锻炼学生唱歌技巧的同时，也了解了我们的革命文化，让学生在活动学有所获，学生对革命先烈为了祖国人民不畏艰险、敢于牺牲的奋斗精神的理解更加深刻，不仅能够激发学生的爱国主义精神，还能够提升学生的唱歌技巧。

1. 轻视校园实践活动对校园文化建设的重要性

目前，一些高校里的教育工作者没有深入了解和认识校园文化，认为校园文化仅仅是学校的体育活动，没有意识到社会实践与校园文化之间的关联性，没有注意到校园社会实践对于校园文化建设的重要性，开始出现了重视校园内部教育和活动，忽视校园社会实践的对于校园文化建设的重要性。校园实践活动不但可以帮助学生在活动中认识到自己的价值，而且对提升学生的社会责任感、团结协作能力是具有重要意义的。校园实践活动对于校园文化建设的重要性，是任何高校都要加以重视的。校园实践活动的内容、形式、规则体现校园文化内涵和重点，是校园文化建设中重要的一个方面。任何高校轻视校园实践活动的开展，都将不利于先进校园文化的建设，有趣丰富的校园实践活动是学生充实校园生活的见证，给学生心智、能力的成长提供了发展的机会。校园实践活动在一定程度上传达了学校的办学理念，传递了时代所推崇的文化，是先进文化和优秀传统文化在校园中的展现。丰富有趣的校园实践活动，不仅可以丰富学生的生活，避免学生沉迷网络，还可以让学生在活动中感受到集体的力量，感受到目标和坚持的价值，感受到团结协作的力量，感受到与人友好相处得到力量，最重要是在活动中不仅完成自我的蜕变，也锻炼了身体。比如，现在师范类高校鼓励毕业生前往西部支教的志愿活动，在参与志愿活动的过程中，学生的心智和能力得到锻炼，社会责任感更强，也成为校园文化建设中重要的一部分，将会鼓励更多的人支援西部，对于学生自身成长和西部建设都是大有裨益的。高校组织的辩论比赛，学生在比赛前收集大量的文献资料，对此加以整理，形成自己的观点，逐步加强自己观点的完整性，减少纰漏，为了一个目标，团队中所有人团结起来，一致对外，通过大量的数据文献资料证明自身观点的正确性。在参与比赛的过程中，各个参与者是深有体会，不仅掌握了收集分析数据资料的能力，团队合作意识加强，与人沟通能力也是大幅度提高，更重要的是学生在赛场上收获的见识和心态。

2. 校园实践活动建设没有体现人文思想

校园实践活动涉及了学生社团、社会实践活动、志愿者、义工、模拟股市、英语演讲、体育运动会、歌咏比赛、主持人大赛、法制宣传、校园商品交易会、辩论赛等活动。高校虽然开展了各种各样的校园实践活动，但是活动的内容不能体现出人文思想，不能给学生带来正面影响，这样的校园实践活动流于形式，只是浪费学生的时间，对于校园文化建设没有实质性的意义。在开展各种活动时，没有缺乏人文精神和人文关怀，没有考虑到学校的学生情况和办学理念，那学生很难在学校组织的校园实践活动中获得人文知识和人文精神方面的体验，提升人文素养。所以，学校领导在展开校园实践活动前，一定要将自己的办学特色和校园文化融入其中，让校园文化建设在校园实践活动中不断发展、更新。反之，如果学校管理人员不仔细研究学风和校园文化建设，照搬照抄其他高校的校园实践活动，是很难实现开展活动初衷和目的的。校园实践活动一定要考虑学生的特点和能力，从实际出发来去组织和开展实践活动，体现出校园文化内涵，体现出实践活动的价值和意义。学生在活动中学有所获，提升自己的能力。比如，各个高校的学生在寒暑假期间会参与三下乡活动，在参与活动的过程中，学生组成一个集体，分工协作，朝着一个目标去努力。在学校的帮扶西部的志愿活动中，学生了解到西部孩子的困难，组织动员同学去捐款捐物，给西部地区带去温暖。在活动的过程中，学生们对西部情况更加了解，更珍惜我们现在的生活和条件，也获得各种各样的感动，他们看到还有很多的贫困地区需要发展，需要进步，需要我们出一份力；他们看到了孩子们渴求知识的眼神；他们参与活动中收获了感动，心灵也获得洗礼。校园实践活动对于学生人文素养方面的提升是不容小觑的，人文知识在实践活动中被激发成为人文精神，人文精神在现实活动中落地发芽，转化为人文行为。师范类院校定期开展法制宣传活动，开展法律知识的竞赛，为学生普及法律知识，了解法律的强制性和严谨性，同时当自身的合法权益受到侵害时，也要勇敢地拿起法律武器维护自己的合法权益。不仅教给学生法律知识，还要教给学生日常生活中哪些事情是违法的，让学生提前规避，保护自身。

（三）校园文化建设中物质文化建设不足

高校的物质文化建设是校园环境建设的一部分，它是指校园硬件环境的配备与展示，包括园区环境的装点与室内环境的营造。营造校园环境建设，是现在教育营造优良育人环境的有效途径之一。高校对于人才的培育，绝不能仅仅满足于对学生的知识灌输和技能的训练，而是应该在重视学生专业知识和技能和技能的基础上，以更加饱满的热情，更多的精力投入到对学生情感的熏陶、性格的培育。于传统的高校而言，大部分高校在创办之初都是具有其独特的办学特色和传统文化因素的，但是随着高校的进一步改革和发展，越来越重视学生的学业知识，对于学校的物质文化建设重视不够，取而代之涌入的是新的雷同的理念。物质文化是校园文化建设的重要组成部分，物质文化也是校园文化的载体。校训、校歌、校徽、校标所蕴含的教育理念也是校园文化建设的重要组成部分，条件比较好的学校会有校史馆，也会充分利用橱窗、墙壁、地面、雕塑、建筑物等可以利用的资源，使学生沉浸在丰富的校园文化之中，自觉养成文明优雅的行为习惯和艰苦奋斗的精神。为了拓展校园文化建设的渠道和空间，可以在学校的展览馆或者橱窗，张贴学生们的美术、书法作品，展示学生的发明和创造，给学生展示才华的机会，为学生提供展示才华，张扬个性、实践创新的舞台，全方位地为学生服务。目前很多高校在进行校园物质文化建设时，其设计没有考虑到学校历史背景和校园文化，建设效果也是仅仅停留在表面。比如，部分高校仅仅是通过横幅来宣传校园文化，是远远不够的，尤其是师范类院校更要重视自身的校园物质文化建设，让学生在良好的物质环境中感受到校园所倡导的精神和文化。因此，校园物质文化建设任重而道远。加大学校物质文化建设，可以帮助学生更好的理解校园文化，也可以有效帮助学生养成良好的行为习惯，形成正确的价值观念。

（四）忽视对地域文化的弘扬

不同的地区，其历史背景不同，它产生和发展的条件不同，它的风俗习惯和日常礼仪是在特定的历史背景下形成的，具有别样的风格，当然它蕴含的理念和文化也不同。比如山东省的沂蒙山区作为老革命区，它留给后辈的红色故事和红色文化居多，"沂蒙六姐妹"的故事让我们听起来肃然起敬。在孟良崮战役期间，沂蒙山六姐妹不分昼夜，发动全村男女老幼，为部队纳军鞋、护理伤员等，鼓励一批又一批的志士仁人走上了保家卫国的道路。像沂蒙山区红色文化这类的优质地域文化，也是我国优秀传统文化的一部分，也是国家倡导学习和弘扬的优秀文化。高校办学历史不同，所处的地域不同，在校园文化建设中，也应该体现出地方性特点，也应该要与地方性文化相融合。我国传统文化包括地域文化，地域文化熏陶并对我国各大院校的发展与壮大有着重要的影响作用，同时，校园文化也在一定程度上影响地域文化的发展和创新。由此可见，各大高校也应该将地域文化放在重要的位置上，在深入了解的前提下，将地域文化引入到校园文化建设中来。为了将校园文化与地域文化融合，各个高校应该积极参加社区教育活动、志愿者活动、挖掘红色文化资源等，也可以开展下乡活动、红色旅行等活动，更好地挖掘本地区的红色文化和资源。地域文化中的民族语言习惯、文化传统、思想观点、情感认同的集中表现，凝聚着普遍接受的道德规范和思想品格，也包含了当地的价值取向，有很丰富的思想内涵。因此，高校在校园文化建设中要考虑到当地的地域文化，把优秀的地域文化纳入到校园文化建设中来。比如，大庆市的高校将铁人精神、大庆精神融入校园文化建设中，学生在耳濡目染中感受到了为国争光、为民族争气的爱国主义精神；独立自主、自力更生的艰苦创业精神；讲求科学、三老四严的求实精神；胸怀全局、为国分忧的奉献精神。在强烈的校园文化氛围中，提升学生的人文素养和行为习惯。

随着新课改的深入，校园文化应该是与时俱进的，应该是展现民族精神、时代精神和人文精神的载体。及时总结经验教训，将校园文化与人文素养培育结合起来，打造出健康和谐的校园环境，让学生在优良的环境中提升人文素养水平。在构建校园文化时，要秉持去粗取精、去伪存真的理念，力求建设出积极向上的校园文化，这将会在师范生中起到很好的引导作用，培养出高质量的综合素质人才。高校校园文化建设与人文素养培育紧密相关，密不可分，构建良好的校园文化离不开人文素养培育，人文素养培育课程是校园文化的重要内容。因此，应该将校园文化建设和创新作为高校教育工作内容之一开展校园文化体制的创新，用人文主义理念带领全校师生思想观念创新，主动学习习近平新时代社会主义思想，确保校园文化建设有持续的生命力和先进性，进一步加强对学生的思想文化教育，用先进的思想文化引领全校师生构建与时俱进的校园文化，促进学生综合素质的提升，提升学生创新能力、向心力和凝聚力，构建有利于教书育人的良好校园文化环境和氛围。

六、师范生人文素养的评价机制尚未建立

（一）传统教学评价方式的不足

对于专业知识和专业技能方面的课程和教学评价，大部分院校都已经有了一个比较完整且系统的评价模式，但是人文素养培育课程起步比较晚，很多高校针对人文素养评价的指标体系还没形成完整的体系，无法对于教师的教学给出比较贴切的、合理的评价。传统的教育评价主要集中在学生的学业成绩上，对于学生的人文素养方面的评价是处于相对轻视的状态，这就使得学生忽略人文素养这方面的提升，导致部分的社会问题。部分道德水平比较低的学生走上社会后，在遵守社会秩序、承担社会责任方面是存在缺失的，将不利于毕业生适应社会，在社会上立足。对于师范生而言，人文素养的高低对其以后的职业生涯是非常重要

的。新时代，国家和社会民众对于教师的人文素养提出了更高的要求，对于学生的人文素养也更为重视，也越来越看到人文素养在社会生活中的价值，尤其在评价学前教育专业的学生时，要将学生的人文素养水平放在一个重要的位置上，评价的内容也要更加全面，涵盖范围比较广，体现社会发展对于教师的新要求、新需要；评价采取比较灵活的方式，让学生容易接受，通过评价也能得到实时的反馈，提升学生的思想道速素质和言行举止的规范程度，不能使用刻板的评价方式对教师做出片面的、不正确的评价。比如，还有部分高校对于学生的专业知识和专业能力方面的评价比较系统详细，对于人文素养方面的评价采用传统的老师打分、同学打分的形式，这都是不科学、不全面的评价方式。对学生的人文素养水平做出评价，不仅仅要关注老师、同学对其评价，还要关注的是学生自身和学生所参与的社会活动和校园实践活动，多角度、多方面地对学生做出公正合理的评价，让学生提升人文素养水平更有价值和意义。还要加强对教师的人文素养水平评价，督促教师不断地提升自身的素养，以身作则，随时随地给予学生正向的影响，尤其是对师范院校人文素养专任教师的评价更要详细具体、公正客观。对专任教师的评价标准应该充分考虑到教师的执教能力和学校的实际情况，充分考虑到学生的实际水平，给予教师中肯、全面的评价，加强对教师执教能力和人文素养的关注，不断提升教师自身，为更好地促进学生人文素养水平而努力。

（二）师范生人文素养的评价标准及机制尚未建立

教育评价标准的全面与否与教育发展的方向息息相关，2020 年 10 月中共中央、国务院印发了《深化新时代教育评价改革总体方案》，方案提出把立德树人作为学校评价的根本标准，改进师范院校评价，把办好师范教育作为第一职责，将培养合格教师作为主要考核指标。[①] 人文素养水平是学前教育专业的学生必须考察的内容之一，高校在构建教育评价改革时，要以立德树人为方向，摒弃传统的、单一的、重智轻德的教育评价方式，构建科学的、多元化的评价体系，突出人文素养对学前教育专业学生的重要性，有利于促进学前教育专业学生人文素养

---

① 中共中央国务院印发《深化新时代教育评价改革总体方案》［EB/OL］.（2020-10-13）［2020-10-28］. http://www.moe.gov.cn/jyb_xxgk/moe_1777/moe_1778/202010/t20201013_494381.html.

的提升。人文素养评价标准和评价机制的建立和完善，人文素养培育课程将会更明确，对于学生人文素养水平的评价也会更具体系统，促进教育公平，专任老师和专业老师的工作方向更明确和更有效，有效促进教师人文素养培育能力的提升。师范类院校更要根据自身的实际情况，结合实时教育评价方案，考虑到学生自身的素质和能力，结合教师队伍结构和教师整体的人文素养水平，改进自身的评价模式，提升人文素养评价的合理性和准确性。各个师范类院校都要将办好师范教育，培养好专业教师作为师范类高校的重要任务。

七、家庭、学校和社会的合力尚未形成

（一）家长教育缺位

家长是孩子的第一任老师，家长的言行举止无时无刻影响着孩子，加强学前教育专业学生人文素养的同时，也要考虑其家庭情况，通过增强其家长的人文素养，进一步促进学生人文素养水平的再提高。从研究结果来看，家长学历对学生的人文素养是有一定的影响的，家长学历高、接受教育的程度高，学生的人文素养水平高。学前教育专业的学生的家庭生存能力偏低，主要集中于关爱家人、家务劳动和安全意识方面。随着社会经济的发展，物质生活极大丰富，家长们对于孩子是越来越溺爱，很多学生在上大学之前甚至没有动手做过家务。学生步入大学之后，在社会交往、安全意识和自理自立方面都存在着很多问题。最初的家庭教育对于学生的影响是巨大的，人的情感、性格、观念也受到很大的影响，父母的教养方式、行为方式也深深地影响着孩子的成长成才。新时代背景下，家长也要重视自身的人文素养，重视孩子的教育，转变教育观念和态度，使用正确的教育方式和孩子沟通，给孩子一个民主、和谐的家庭氛围，给予孩子适当的自主权，让孩子参与到家庭的大小事务中，在日常生活中增强其对家庭的责任，体会家长的不易，主动与家长沟通交流，促进孩子人格的完善和发展。因此，学生生活在一个健康、完整且温馨的家庭对于其完整人格的塑造是有积极意义的。比如，孩子在家庭中得不到父母的正确引导，得不到父母的关爱，其日后走上社会会给社会带来很大的安全隐患。父母在教导孩子成才之前，更重要的是引导孩子

形成良好的道德品质和行为规范，提升学生的人文素养水平，否则，一切都是无济于事的。家庭是孩子温暖的港湾，是孩子排忧解难的地方，家长对待孩子一定考虑到孩子的心理感受，采取合理的方式和孩子沟通，教育孩子。我国的钱氏家族有着优良的家风、家训，良好的家庭教育，培养出一批又一批顶尖的科学家和政治家，他们为祖国的军工科技做贡献，他们不仅学识能力强，他们拥有超出常人的爱国主义情怀和民族大义，在祖国最困难、贫穷的时候，不惜个人得失，毅然决然地为祖国贡献自己智慧和力量。良好的家庭教育、良好的家风、家训是能够受益几代人的。

（二）家庭、学校及社会共育合力不足

新时代背景下的学前教育不仅要重视科学知识、人文知识教育，更要重视人文精神、道德品质的培育，在重视知识教育的同时也要重视实践教育，在强调幼儿园教育的同时也要关注家庭教育对于孩子的影响。传统的家庭教育在重视孩子文化和科学知识的掌握情况的同时也要重视对孩子的道德品质、人文精神的培育。反之，将会为学生步入社会留下很大的隐患。部分大学生进入社会之后自理能力不强、行为习惯比较差，与人沟通交往能力不足，这不仅仅是学校需要重视的，作为家长也要重视起来。家长是孩子的第一任老师，家长的思想修养和行为方式在日常生活中不漏声色地对孩子造成影响。一位有涵养、有学识的家长对孩子的教导和引导、对孩子学业和成长问题的助力，是大多数家长无法做到的和无法想象的。家长的正确引导对于孩子的影响是终生的，如果孩子没有接受到正常的家庭教育和父母引导，孩子很难有正确的思维方式和行为习惯，也很容易走上违法犯罪的道路，不幸的孩子只能用一生来去治愈童年。很多走上违法犯罪的人，拥有个破碎的家庭，经受不正常的家庭教育，可见好的家庭教育对孩子的益处是终身的。

学校在对学生的人文素养培育的过程中容易忽视家庭教育和社会环境对于学生的影响。学校要将家庭教育和社会环境对学生的影响考虑进来，让学生认识自己的不足，了解自己的家庭状况和自己所处的社会环境，不断地调整自己的心态和思想，纠正自己不良的观念和行为，成为一个具有良好的道德素养和健康心理的人。学生身处学校之中，课上接受教师的引导，课下受到校园文化的感染，无时无刻都受到学校的影响，学校要确保对学生影响的正面性，给学生提供一个和谐健康的学习和生活环境。校园环境中的一切都会对学生造成影响，学校要重视校园人文环境对学生人文素养的重要性，做到持续的提升校园文化建设，为学生提供一个良好和谐的学习和生活环境。

此外，当今社会是个大集体，同时也是个大熔炉，在快速发展的同时也留下了很多的隐患。社会上的诱惑越来越多，盛行的文化参差不齐，大量的文化涌入，使得正处于迷茫期的学生不知如何取舍，容易误入歧途，走向极端。现在很多不法分子，通过给予高薪和"画大饼"的模式，引诱学生从事一系列违法犯罪的活动，这将给学生的生命安全带来很大的威胁。因此，安全、文明、和谐的社会氛围对于学生人文素养的形成具有积极作用。在社会生活中，加强人文素养的宣传，营造有利于促进学生人文素质提升的良好社会氛围。学前教育专业学生人文素养的提高，仅仅依靠学生自身的主动性、积极性是远远不够的；其人文素养能力的提高离不开学校教师真真切切的引导；离不开校园文化润物细无声的熏陶；离不开文明和谐的社会文化的支持。

学校、家庭、社会这三个环境是学生身处其中的，是学生日常学习、人际交往的场所，与学生的学习生活是息息相关的。学校、家庭、社会要形成教育合力，学校为学生提供良好的校园文化环境和优质的人文素养培育课程；家长要做好对学生个性、生活习惯的引导，加强对学生的思想教育；社会要加强对学生真善美的弘扬，构建一个文明和谐的社会环境，共同为提升学生的人文素养水平而努力。三者缺一不可，仅仅依靠一方的努力，是难以达到良好的效果的。因此，为了学生健康成长和发展，学校、家庭和社会都要加强对于学生的正向引导，加强对学生人文知识的引导，促进学生文明行为的产生，形成合力，为孩子健康成长而努力。

八、学生自身的人文素养意识欠缺

（一）对人文素养培育的认识不足

人文素养的缺失，有部分原因在于学生自身，他们不重视人文素养的提升，认为其对于后续的工作学习毫无价值，不愿意主动学习掌握新的和专业相关的知识，缺乏学习的动力和目标，浪费了很多闲暇时间。研究数据也表明大二大三的学生能够制定好自己的学习规划的不到学生总数的一半，能够主动积极阅读专业书籍的学生也仅占到学生总数的三分之一。学前教育专业的部分学生学习态度不端正，没有意识到人文素养的培育对其以后步入工作岗位的重要性。学生普遍认为人文素养水平高低对自己的影响没有奖学金、技能证书重要，相对更喜欢实操，对人文课程提不起兴趣。从研究数据可以看出，部分学生的集体意识不强，过于计较个人得失，思想觉悟不高，以自我为中心，也很难会接受人文知识、人文精神所传达的思想。一个人如果排斥或者不重视个人的修养，他很难静下心来，阅读相关书籍，提升自己的文化修养，心生浮躁，很难去做好自己的工作和学习。学生应该重视人文素养对自己各方面的提升，认识到人文素养的重要性，自觉地在日常生活学习中学习人文知识，提升人文素养。人文素养的提升是需要个体自身的主观努力的，如果自身不去学习人文知识，培养人文行为，教师的讲授和榜样行为对其也影响不大，尤其是学前教育专业的学生，将来大多数都是走上教师的工作岗位的，人文素养水平的高低对其今后的发展有重要影响的。为了自身素养的提升，也为了更好地做好育人工作，学前教育专业学生一定要重视自身人文素养的培育，在日常生活学习中多多学习人文知识，培育人文行为，做一个学识渊博、德行兼备之人。各个高校除了开展人文素养的培育课程之外，鼓励学生多读书，读好书，也可以定期组织读书活动，定期给学生推荐各类好书。部分学生受到不良思想的影响，对人对事只顾眼前，从不长远考虑，深受西方利己主义思想的影响，在与人交往中，不可太斤斤计较，要考虑别人的感受，不能将自己的快乐建立在伤害别人的基础之上。这类学生的思想是有很大的问题，是精致的利己主义者，他从不主动站在别人的角度考虑问题，眼中只有自己的利益。

浅薄的眼界认识不到这种行为和思想的严重性，为了眼前的利益，不顾同窗之情，会葬送以后的人脉和友情。学生一定要从心底认识到人文素养对其的重要性，具有正确的思想和规范的行为，将会为后续步入社会提供持续的动力。人的一生遇到的贵人都是前期你付出善意所换来的，在任何事情方面没有不劳而获，要时刻严格要求自己，提升自己思想素质。

（二）西方文化的涌入引发了价值观的迷茫

当前，大学生接受传统文化教育不足，再加上部分学生受到高中时文理分科的影响，人文素养基础薄弱。随着西方文化的大量涌入，在个人主义、享乐主义、功利主义和拜金主义的联合影响下，学生思想开始发生激烈的变化。他们开始随波逐流，人生观、价值观开始发生变化，丢掉了远大的理想和崇高的信仰，开始变得爱慕虚荣，鼓吹及时行乐，过度追求功利，愈发心胸狭隘。一个人如果没有了目标和信仰，就像大海上没有了顶塔的孤帆一样可怕。一个人没有追求，没有信仰，她是体会不到生活的趣味，成功的喜悦，会逐步对生活失去信心，变得懒惰、自卑、内向，难以在社会中生存。西方文化讲求的个人主义，我们讲求的集体主义，中西方理念不合，学生生活在中国，如果凡事只顾自己的利益，对其他人不管不顾，是很难在国内交到朋友，很难在国内愉快地生活下去。很多处于价值观迷茫阶段的学生，在学校很不适应，也难以适应社会生活，没有稳定的人际关系，失去了自己的目标和信仰，心理会发生变化，变得不苟言笑，变得胡思乱想，很容易走上抑郁。越来越多的学生掉入资本的陷阱，资本们鼓吹消费主义，及时行乐，让很多大学生不顾自己的实际情况和消费能力，开始去分期购买奢侈品和大量的智商税产品，大部分心思都放在了攀比上，导致部分学生变得越来越逐利，越来越虚伪，导致学生背上严重的经济负担。

因此，人文素养缺失、价值观迷茫，对于学生的工作生活都是不利的，尤其是对学前专业的学生而言，她面对的是天真善良的孩子，孩子们需要的是教师正确的教导，引导他们珍惜粮食，引导他们互相帮助，需要教师做到平等的对待孩子，需要的有正确消费观和价值观的教师。极度追求名牌、精致的利己主义者，是不适合做幼儿教师的，反之，如果在日常工作中教师追求名牌，工资又不多，很容易会滋生家长给老师送礼的现象，影响教育公平，导致教育乱象的发生。因此，加强学生的人文素养势在必行，人文素养对于学生的影响是终身的。

（三）网络游戏的盛行削弱了自我管理能力

网络是把双刃剑，在帮助学生更好获取外界知识的同时，也给学生带来各种各样的影响。网络游戏的快速发展，让很多学生沉迷其中无法自拔，给学生的学习埋下了巨大的隐患。近几年来，学生们沉迷游戏的人数越来越多，游戏变成他们日常生活不可或缺的一部分。学生将大量的时间花费在网络游戏上，无法安心学习，愉快交友，这对于在大学阶段的学生是非常不利的。大学就是潜心学习专业知识，锻炼自己的心智和与人交往的能力，明确自己的目标和人生规划，如若将时间都浪费在游戏上，对于个体来说将是影响重大的。网络游戏也被称为"电子海洛因"，学生一旦沉迷其中，就会沉迷在虚拟的网络世界，长期在虚拟世界会影响学生正常的社会交往能力，不敢或者是逃避现实世界，自我控制能力大幅减弱，在面对困难和挫折时缺乏勇气，缺乏抵制游戏的意志力。网络游戏不仅占用学生大量的时间，而且严重影响学生的心理健康，使学生分不清现实世界和虚拟世界，导致违法乱纪的事情发生。比如，某学生在高中时期，父母管控的比较严，考上了理想的学府，上了大学摆脱父母的束缚，长期沉迷在网络游戏中，虽然已经步入高等学府，由于其上课期间逃课旷课严重，与同学沟通交往出现问题，学校对其采取退学处理。还有部分学生沉迷网络游戏已经到了痴迷的境界，难以将游戏情境和现实生活分开，在网络游戏中可以肆意发泄自己的不满，他将不良情绪带入生活中，稍有不如意就乱发脾气，以自己为中心，毫不考虑别人的感受，导致人际关系破裂，很难适应学校的集体生活。由此可见，沉迷网络游戏不仅影响学生学业，毁坏学生心智，影响人际交往。高校要关注到网络游戏对于学生身心健康的影响，通过讲座等各种形式让学生认识到沉迷网络游戏的危害，让学生从内心抵制沉迷游戏，科学地使用网络，不能让自己成为网络游戏的傀儡。

学生人文素养水平的提高与学生自身主观能动性是分不开的，各个高校一定要关注学生自身，改变学生对人文素养的错误认识，改变其言行，自觉接受人文知识，提升人文精神，付诸人文行为。学生人文素养的提升不是一天就可以实现的，需要学生日复一日的努力，也需要教师和学校的支持和鼓励。高校要为学生提供良好的校园文化环境，提供高品质的人文素养培育课程，提供适宜的读书环境，促进学生人文素养的提升。

第五章　师范生人文素养的培育与提升

第一节　师范生人文素养的培育原则

一、平等性原则

"人人相亲，人人平等，天下为公，是谓大同。"这句话表达出康有为内心的理想社会，他所谓的"大同"社会正是表现出人和人之间这种相互亲近、人人平等的思想，达到这种境界，天下才可称之为"大同"。那么何谓平等呢？平等并不是对单一个体来说的，它所体现出来的是人和人之间的一种关系、人对人的一种态度。这种关系和态度中蕴含了人类的终极理想。社会的变化更迭，展现了人类社会由不平等到平等的进步与发展，也就是人和人之间的关系经历了由不平等到平等的转变，在这个过程中，任何的不平等和不道德终将被当前社会所认可的平等与道德所取代。但是，我们说人和人之间的平等并不是要求人和人之间无差异的"相等"或"平均"，而是作为人，作为公民，都能够在精神上互相理解、互相尊重，能够在享有社会权利与义务时不受区别对待。常言道：公民在法律面前一律平等，任何组织和个人都没有超越宪法和法律的特权。这句话贴切地表达出当前之于平等的理解。也就是说要实现人人平等，必须通过平等的社会机制和价值引导，从而保障每一个人、每一个公民在自身贡献的基础上所享有的权利、利益和尊重。在平等的"大同"社会中，每个人都有一个机会，找到适合自己的舞台，让他尽展才华，努力而成功。

综上所述，平等是指社会主体在社会关系、社会生活中处于同等的地位，具有相同的发展机会，享有同等的权利。包括：①人格平等。社会主体不论性别、年龄、民族、职业、经济状况、生活等，都具有相同的价值和尊严，处于相同的社会地位。②机会平等。机会平等表现在教育领域表现为人人都有平等地受教育的权利和机会。③权利平等。法律赋予每个公民平等的权利和义务，任何人不得具有超越法律之上的特权。

师范生人文素养培育过程中应坚持平等原则，这种平等既表现为学生和学生之间的平等，又表现为教师和学生之间的平等。

（一）学生和学生之间的平等

学生是平等的人，在接受教育的过程中应该享有平等的权利和机会。学生是具有平等权利的个体。在我国，宪法确认公民有受教育的权利和义务，这里指公民有获得文化科学知识和不断提高思想觉悟、道德水平的权利，而且每个公民都必须按照法律要求，接受教育，并规定，国家培养青年、少年、儿童在品德、智力、体质等方面全面发展。一是公民均有上学接受教育的权利；二是国家提供教育设施，培养教师，为公民受教育创造必要机会和物质条件。如某一个人没有受教育的机会，无法上学，他就丧失了受教育权；如果缺乏教育的物质保障或法律保障，公民的受教育权也可能落空。具体而言，《中华人民共和国教育法》中规定的受教育权包括以下几个方面：①参加教育教学计划安排的各种活动，使用教学设施、设备、图书资料；②按照国家规定获得奖学金、贷学金、助学金；③在学业成绩和品行上获得公平评价，完成规定的学业后获得相应的学业证书、学位证书；④对学校给予的处分不服向有关部门提出申诉，对学校、教师侵犯其人身权、财产权等合法权益，提出申诉或者依法提起诉讼；⑤法律、法规规定的其他权利。

在师范生人文素养培育的过程中，也应该遵循这样一条平等性原则。在教育过程中，不因学生的种族、性别、家庭条件、经济状况等而区别对待，尽力保证每个学生都有平等的接受人文素养教育的机会，每个学生都有机会接受学校提供的人文素养培育课程程。在教育教学活动开展的过程中，能够保障所有学生能够平等的使用学校提供的教育教学设施、设备、图书资料等；在对学生进行评价的过程中，也应秉持客观公正的原则，给予学生相对客观的评价，不戴着有色眼镜评价学生；在最终的结果评定的过程中，也要坚持平等客观公正的原则，使每个学生有同等的机会获得相应的表彰。

（二）教师和学生之间的平等

现代新型师生关系体现出的是一种民主平等的师生关系，要求师生之间能够做到民主平等、尊师爱生、教学相长、心理相容。既然师生之间是平等的，在进行师范生人文素养培育过程中就需要摆脱传统的"教师中心""教师权威"的理念，实现师生之间的平等对话和交流，看到学生的主体地位。在教育过程中，遇到问题多与学生进行沟通和交流，倾听学生的想法，让学生共同参与讨论决定相关课程内容选择、教学方法选择等问题，让学生明白，他们是权利的主体，有权利去决定和自己相关的学习、生活事宜。当然，平等并不能停留在口头上，而是要落实到实际行动中，这就要求教师重新审视学生，树立现代学生观。教师应该明白，师者不是一个先知先觉者、道德标准的评判者，不是以事后诸葛亮的姿态指指点点，而是以朋友的身份，平等地出现在学生面前，平等地与学生对话。要做到这一点，教师除了理念的变革，还需要做好以下几点：①不要被偏见与成见所蒙蔽。教学过程遇到突发事件，需要教师能够做到与学生沟通，明辨是非，避免老眼光看人，拒绝偏见和成见，民主社会下，传统的师道尊严并不为现代学生所接受、所青睐，所以教师要尽量避免。②善于换位思考。将心比心，作为教师要能够学会站在学生的立场上思考问题。注意倾听学生的声音，听听他们对老师的真实看法，听听学生的诉求。在选择教学方法时要考虑学生的特点。大学生已经是成年人了，有自己的思想，所以我们不能主观臆断。③敢于现身说法。空洞的理论言谈往往不能打动学生，他们所喜欢的是和自己生活相关联的故事情境。所以，我们在进行人文素养教育的过程中，可以结合自身经历，结合一些社会事件，创设情境，让学生在情境中体会、领悟我们所要传达的思想，起到以情感人，以境育人的作用。

二、开放性原则

哲学人类学的研究蕴含着开放的思想，这种开放性原则正是哲学人类学的主要观点和基本思想原则。传统哲学认为人是生物性的，是理性的、意志的、欲望的和劳动的。从传统哲学的对立面出发，哲学人类学否认这种观点，拒绝把人看作是僵死的、规定好的，认为人不是实现目的的手段，人没有所谓特定的、稳固的先在本质，而是在不断进行自我创造，是不断形成中的，通过自身的活动不断解释和塑造自我。

从哲学人类学的研究中不难发现，他所强调的正是这种"创造性"以及"非特定化"，也就是说人是活动中的人，是非常态的，时刻在变化的人，这种思想中透露出人的实质，即认识具有内在开放性的人。正是这种内在开放性决定了人和世界之间、和世界万物之间是开放的，所以人类的活动也遵循着这种开放的本质。

师范生人文素养的培育过程中亦需要遵循这种人类活动的开放性原则，在进行教学的过程中，注意发挥学生的主体地位，学会灵活处理。

首先，在教育内容选择上要遵循开放性的原则。也就是说，选择师范生人文素养教育内容时不必局限于教材讲义、诗词歌赋。正如陈鹤琴所言，"大自然、大社会都是活教材"。教育内容的选择，可以在规定教材的基础上，广泛选取学生感兴趣的活动、内容等，广开思路，从大自然、大社会中挑选适合的内容作为教育的内容。

其次，在教育方式上要遵循开放性原则。区别于传统的学科课程，师范生人文素养的培养要跳出班级授课和课堂讲授的局限，灵活运用现代教育技术，利用网络时代、信息社会的优势，综合运用实践锻炼法、实际训练法以及微课、慕课等新型教学方法和教学组织形式，实现人文素养教育全方位、多层次、多领域、多角度全覆盖。

最后，在教育过程中注意遵循开放性原则。在师范生人文素养培育的过程中，我们势必会选择一些蕴含丰富人文内涵的文本素材，而这些素材无一例会体现出一种开放特质，属于文本的"召唤结构化"，需要读者自己去发现、去领悟、去建构意义。在对这些素材进行教学的过程中，就要求教育者能够灵活发挥文本的"召唤"性特点，切不可一味僵硬、刻意地传授学生固定的内容、情感，切不可一味要求学生"虔诚"地揣摩、迎合教师所规限的那些固定的所谓标准答案。正如叶圣陶先生所言，"文艺作品往往不是倾筐倒箧地说，说出的只是一部分罢了，还有一部分所谓言外之意弦外之音，没有说出来，必须驱追我们的想象，才能够领会它。"也就是要遵循开放性的特点，让学生自己去领会文本所传达出的思想内涵，实现人文素养教育的目的。毕竟学生是主体性的人，学生是差异性的人，通过自己的领悟，能够对所学内容有更深刻的理解和更持久的记忆。

三、体验性原则

德国生命哲学家狄尔泰首先将"体验"一词引入哲学研究领域中，并于 19 世纪 80 年代提出了人文科学的方法论。狄尔泰认为："自然科学需要解释说明，对人文科学则必须理解。"也就是说，人文科学需要个体用自己的人生经验去体验其中的观点、态度、情感，去体验其中所蕴含的思想。正因如此，中外学者将狄尔泰的理论称之为"体验诠释学"。因此，体现便成为人文科学研究和认知的重要途径和原则。

现代教育越来越重视学生的体验。素质教育的广泛实施，新课程标准的推行，使我们逐渐形成新的学生观、教育观、教学观。现代学生观认为学生是发展的人，具有自身的身心发展规律、具有巨大的发展潜能，处于发展过程中。基于这样的学生观，素质教育和新课程标准要求在教育过程中遵循学生的身心发展规律。现代教育观认为要从"关注学科"转向"关注人"，也就是要关注学生的情绪情感体验。所以在教育过程中要引导学生从现实生活的经历与体验出发，激发学生对地理问题的兴趣。在教学的过程中，要遵循理论联系实际的原则，就是要从学生的现实生活、实际生活出发，帮助学生更好地理解知识，体验知识源于生活，并能让学生将知识更好的应用到实际生活中。

现代学生观认为学生是具有独立意义的人是学习的主体，师范生人文素养培育的过程中遵循体验性原则，这里所谓的"体验"指的是：学生能够在同教育内容即文本、与教师以及与自我之间进行倾心对话的基础上，充分调动自己的主观能动性，发挥自己作为学习主体的作用，借助想象移情、反思感悟等一些积极的心理活动，在持续的肯定与否定、解构与重构的思想流变中，逐渐形成自己对文本的理解与感悟，生成自己的思想观点和情感历程。

教育内容，即文本所展现出来的思想观点，只有经过主体的主观体验才能最终为主体所理解、所接受。体验是主体在与外部世界进行直接交往的过程中产生自身反思性认识的实践活动，这种活动不是外力作用的结果，它来源于学生的主体需要，是学生的自主行为，也就是建构主义学习理论所强调的学生的自主建构。师范生人文素养培育的体验性原则所倡导的是一种自主、探究、合作的学习。在这种情况下，学习一改往日封闭的特点，不再是一个简单的寻找某种答案的过程，不再局限于文本解剖，让学生摆脱这种文本解剖的冷冰冰的牢笼的束缚。这种情况下，学生的学习也不是去背诵所谓的背诵之乎者也的诗词歌赋、背诵冰冷的文字，而是能够身临其境，在这样一种状态中，虚心涵咏切己体察，神游遐思明心会意。在一种积极的情感体验中，理解文本所要表达的人文素养的内涵，体悟其中的道理，滋长、丰富其人文素养。

四、导向性原则

教师职业最大的特点就是教师职业角色的多样化。现代教育要求教师和学生之间能够相互理解、相互尊重和信任，在此基础上实现平等的对话与交流，在对话的过程中获得精神的交流和意义的建构。在这种情况下，教师和学生就构成一种朋友的关系，教师便是学生学习的合作者和伙伴。但正如韩愈的《师说》所言，"师者，所以传道授业解惑也。"这便是教师存在的理由之一，也是我们不能掩盖、忽视、遗忘一个最基本的事实。因此，在师范生人文素养培育的过程中，我们要坚持师生之间之中"交互主体"的关系，在师范生人文素养培育的过程中遵循另一条重要的原则，即导向性原则。

在教师多样化的职业角色中，其最重要的角色便是传道授业解惑，在此基础上做学生学习和发展的促进者，而促进着这一角色是教师最明显、最直接、最富时代性的角色特征，是教师角色特征中的核心特征。在教育过程中，教师是教育教学的组织者，是学生学习的合作者，是学生心灵的培育者，是学生的朋友。这样一种师生关系，便是我们所倡导的民主平等的师生关系，是一种"交互主体"的师生关系，这种关系是主体间的平等关系，两个主体之间是相互依存的。历史上存在的两种对立的观点：以赫尔巴特为代表的"教师中心论"和以杜威为代表的"学生中心论"都违背了这样一种关系。如"教师中心论"，抛弃了学生，忽视了学生的主体地位和主观能动性；"学生中心论"则没有看到教师的主导地位。无论何种，都不能准确地概括教师和学生之间的关系。美国教育家多尔定义了教师的角色，提出教师是"平等中的首席"。这一观点是符合当代教育理念的。平等所蕴含的便是人人平等这样一种现代教育观念，于平等之中存在一"首席"，这个"首席"便是平等的两个群体中的促进者和引导者，是教师之为教师不可缺失的一个角色，因为教书育人是教师最根本的任务，教师身上无可厚非承担着这样一个神圣的使命。

师范生的学习具有间接性、引导性和交往性的特点，而这种引导性所体现出来的正是学生是未成熟的个体，其发展仍需要教师的引导。大学生虽然已经长大成年，但其生活经验、社会经验毕竟匮乏，在这个物欲横流、纷繁复杂的社会环境当中，到底哪些才是师范生所应该信奉的价值观念、是非善恶仍需要教师的引导。社会主义环境下，仍然需要教师把学生导向社会主义的发展道路。这就决定我们在进行师范生人文素养培育的过程中，必不可少的便是要遵循这样一条导向性原则，将理想性和现实性结合起来，培养具有社会主义素养的新时代师范生。因此，在师范生人文素养培育的过程中，教师要能够做到适时点拨、相机导引，能够查误纠偏、升格总结，这些便是教师作为专业人员不可缺失的工作，是教师本色的彰显。

五、因材施教原则

所谓"一把钥匙开一把锁"。如同每一把锁都有自己的特征一样，人是有个别差异性的，不同的人有不同的人生经历、个性特点、能力水平，在教育的过程中自然不能"一刀切""一锅煮"。大学聚集了来自五湖四海的莘莘学子，他们每个人都有自己的特点，教师不能完全忽视他们的不同，而是要对症下药、量体裁衣。在选择人文素养教育教学内容上，要考虑到不同年级学生思想水平的差异，能够循序渐进。因为一千个读者就有一千个哈姆雷特，同样的教学内容，对不同的学生来说他们的感悟和体会是不同的，能够得到的教育也不尽相同，这就需要教师在了解学生的基础上，做到因材施教。同时，不同专业的学生，教育内容的选择也可以有所不同。例如，学前教育专业的学生，在进行教育的过程中，就可以选择儿童文学作为人文素养教育的内容；对于小学教育的专业的学生，就可以选择一些唐诗宋词等古典诗词，丰富他们的文学素养等，诸如此类。在教学方法的选择上，要结合不同班级、不同专业学生的特点，有的放矢地进行，教学要做到"各因其材，小以成小，大以成大，无弃人也"。例如，学前教育专业的学生活泼开朗，而且学前教育需要培养出多才多艺、富有童心和爱心的人，所以在选择教学方法时就可以注重练习，在活动中去锻炼和积累他们的人文素养；数学专业师范生擅长理性思维和自主学习，既可以选择给他们自由探索的时间和空间，让他们在探究中积累人文素养。

综上所述，在师范生人文素养培育的过程中，要秉持平等开放的原则，能够关注学生的主观体验，坚持学生主体和教师主导相结合，做到因材施教、量体裁衣，唯有如此，方可实现人文素养教育的最终目的。

第二节　师范生人文素养的培育方法

一、顶层设计：完善人文素养教育相关制度及理念更新

（一）建立高校人文素养教育领导机构

羚羊迁徙，需要领头羊的引导才能成功到达目的地；大雁南飞，需要头雁的带领方可不迷失方向；国家的繁荣富强，离不开中国共产党的坚强领导；高校师范生人文素养的培养，同样离不开一支强大的领导队伍。

1. 精选多领域人才，组建人文素养培育领导小组

要建立负责的人文素养教育领导机构，需要高校负责人，如校长、校党委书

记等带头，开展相关会议，讨论决定人文素养培育领导小组人才选拔机制。在确定领导小组成员过程中需要坚持以下几个原则：

一是坚持多元化原则。人文素养培育领导小组成员的确定，需要来自各个领域、各个专业的相关专家、青年人才，如从历史学、地理学、哲学、政治学、中国文学、艺术学等各个专业领域挑选德才兼备、有责任感、有领导力和执行力的人成为人文素养培育领导小组的成员。

二是坚持民主化原则。人文素养培育领导小组成员选举过程中，应坚持走人民群众路线，听取广大教师群体、学生群体等的意见和建议，采取民主选举的方式选拔人文素养培育领导小组成员。

三是坚持责任分工明确原则。人文素养培育领导小组成员确定以后，需要明确划分小组每个成员的责任义务，坚持讲责任和工作落实到个人，做到分工明确，责任清晰。

人文素养培育领导小组建立后，需要发挥领导小组的带头领导作用，为高校师范生人文素养的培养建言献策，贡献自己的力量。

2. 建立领导小组集中理论学习制度

我国是社会主义国家，必须坚持党的领导。所以，高校师范生人文素养培育领导小组在工作的过程中，除了需要提升自身的人文素养、专业素养，还需要坚持学习近平总书记关于教育工作的系列重要讲话精神，把贯彻落实习近平总书记的重要讲话精神作为工作的首要任务，对标对表习近平总书记赋予高校建设的新目标新定位，建立领导小组全体会议集中学习制度，切实加强理论武装，真正做到学思用贯通、知信行合一。

3. 健全领导小组成员动态调整机制

领导小组成员组成并不是一成不变的。为保证领导小组始终保持良好的工作态度和工作动力，需要定期进行小组成员动态调整。为此，需要完善领导小组议事协调的规则和程序，加强领导小组与党委以及相关议事协调机构的工作衔接，确保议事协调的实效性、时效性。建立领导小组组长、副组长选拔机制，人选需做变动时，按照规定程序选拔、任命、公布；其他成员因职务或岗位调整变动时自行更替。

4. 建立领导小组成员联系专业制度

师范类高校有不同专业的师范生，不同专业的师范生在培养过程中有不同的侧重点和注意事项，因此，需要做到因专业制宜。为此，领导小组每位成员都需要联系一个专业，其联系专业每两年可更换一次。领导小组组长、副组长需要做好统筹协调，并做好自己的专业联系工作。

5. 建立领导小组成员调研制度

没有调查就没有发言权。师范生人文素养培育领导小组在做好基础工作的同时还需要做好相关调研工作，了解各专业师范生人文素养培养情况，为后续工作安排提供依据。与此同时，各领导小组成员每学期需要给所联系专业师生做形势政策宣讲、专业宣讲等，以此丰富师范生人文素养知识；到专业所在院系开展调研、帮助解决人文素养培育过程的各种问题。在调研过程中，调研主题主要围绕该专业人文素养培育发展情况，该专业对学校人文素养培养政策的落实情况等。

6. 建立领导小组成员履行相关职责报告制度

人文素养培育领导小组建立后，就应制定相关领导小组工作制度，明确小组成员的责任和职责，防止滥竽充数，不负责任现象的发生。责任确定后，领导小组各个成员自觉履行相应职责，并定期向学校人文素养培养领导小组汇报自己履行职责的相关工作报告及联系专业、调研制度的落实情况。

（二）健全高校人文素养教育监管机制

权力的运行缺少了监督，可能会产生不可弥补的问题。高校人文素养教育领导机制的建立和完善，不能缺少监督的环节。在对高校人物素养教育进行监管的过程中，需要做到以下几点：

1. 坚持监管贯穿人文素养教育的全过程

目前，高校领导班子的监管工作存在一个薄弱环节——注重事后监督，即出现问题再进行检查处理，事前监督和事中监督的缺失，使得高校管理工作问题不断。如部分领导人员容易受到不良风气的影响，出现不正之风和失职行为，而高校却很少在事前提出有力的防范措施；一些苗头性问题依然出现，却不能及时觉察、及时纠正；对领导小组成员行使权力的情况不知情、不指导、不检查、不监督，亡羊补牢的过程中就可能使问题扩大化。因此，事后监督的确存在很多不利于高校师范生人文素养培育工作的问题，实际上是一种被动的监督，这种被动，很容易给师范生人文素养教育工作带来不可弥补的不良后果。因此，高校要改变领导小组工作监督管理理念，化事后监督为事前、事中、事后监督相结合，做到事前"堵"、事中"卡"、事后"查"，真正实现监督管理工作贯穿人文素养教育的全过程，提高监督管理效果。

2. 坚持"工作圈""生活圈""社交圈"圈圈监督

人文素养的积累和培育需要从工作、生活、社交等各个角度、各个环节入手，达到耳濡目染的作用，起到潜移默化的效果。教育者是学生学习的示范者的角色，师范生人文素养培育工作领导者也属于教育者，依然需要做到以身作则，为人师表，用自己丰富的人文素养去影响学生。领导人员工作时间以外的活动，如生活、社会交往等，往往更能反映其丰富的人文内涵及道德修养。与此同时，生活、工作、社交是相互联系、相互作用的，生活和社交的状况会影响到工作状态。因此，在进行监督管理的过程中，要对相关领导干部、领导人员的工作、生活、社交等领域尽行全方位的监督和管理，对于其存在的不利于人文素养培养工作的问题，做到及时发现、及时处理。

3. 坚持经常教育、谈话诫勉、批评纠正和严肃处理相结合

对高校师范生人文素养领导小组的监督管理工作，惩治和查处是手段而不是目的。对症下药，方能药到病除。惩治和查处只能是治标不治本。因此，监督管理过程中，对于失职人员，我们要及时发现，及时教育，坚持教育为主的原则。因为监督管理的过程是教育的过程、提高领导人员素质的过程。做好教育工作，对领导小组精神境界的提升具有重要作用，能够起到防患于未然的效果。因此，人文素养教育监管，需要坚持经常教育、谈话诫勉、批评指正和严肃处理相结合，防止问题扩大化，更好地促进高校师范生人文素养教育工作的开展。

4. 坚持领导小组全员监督

领导小组的作风影响到整个学校的好坏和风气。高校师范生人文素养培育领导小组是否作风正派、尽职尽责，对整个学校人文素养培育工作起到至关重要的作用。为避免领导小组出现不良现象，需要强化对领导小组的整体监管、全员监管。首先要完善领导小组决策机制，规范和完善领导小组讨论、决策行为，建立健全领导小组内部监督管理机制，强化领导小组内部监管、自我监管机制，提高小组内部自我监督管理的效果。其次，加强小组内部民主，调高民主水平和质量。领导小组就如同一个集体，集体内部成员之间最了解彼此的情况，也最有监督权和发言权。所以，当领导小组需要做出一项决定时，需要领导小组全体成员共同参与、共同监督。领导小组建立之后，要切实发挥党的优良作风，有效利用批评与自我批评的武器，解决领导集体在行使权力的过程中出现问题。最后要建立健全完善的监督管理制度。无规矩不成方圆。监督管理制度的建立，对领导小组能够起到良好的约束作用。学校人文素养培养领导小组监督管理制度的建立需要综合考虑各方面的因素，建立实在且全面的配套措施，才能达到想要的效果。如建立起与《干部选拔任用条例》《纪律处分条例》等相配套的一系列制度，重要决策及活动安排等都要有相关的监管制度。

5. 坚持开放式监督

改革开放以来，中国民主化程度逐步提高，领导干部的监督工作也应该与时俱进，打破过去相对封闭的监管格局，打开开放式监管的新局面。首先，要实现监督管理主体的多元化。高校人文素养培养领导小组的监管途径应由组织监管向学生监管、舆论监管等方向不断拓展，充分利用信息时代日易发达的现代信息技术成果，建立起学生监管信息网络，形成一个全方位的、立体的领导小组监督管理机制，保证人文素养的培育工作领导方向的正确性和可靠性。其次，要实现监督管理形式的多样化。监督管理的形式有很多，如考察报告、专项调查、信息回复等。对高校人文素养领导小组的监督管理，除校领导班子的监管之外，需要多渠道听取学生的意见建议，实现领导小组决策、权力的公开化、透明化，进而通过潜移默化的方式实现师范生人文素养的提升。

（三）更新领导队伍人文素养教育理念

新时代我们要培养高校师范生人文素养，就需要学校教育者更新教育理念，这里的教育者既包括广大教师，也包括教育领导者。

新一轮课程改革提出了许多新的改革目标，包括学生学习方式的改革。而学生教学方式的改革意味着教师将要改变自己的专业生活。对于领导者而言，就需要从自身做起，以身作则，为广大教师朋友树立典范的同时，可以更好地指导教师的人文素养教育工作的开展。但是，领导者要实现这样一种转变，绝不是一次轻松的旅行，而将是一次艰苦的蜕变，每个教育者包括教育领导者在这场蜕变中都将经历新生的痛楚和喜悦。新旧更迭，需要领导者拿出与时俱进的学习态度，方能避免陷入无信念、无方向、无榜样、无作为的尴尬境地。领导者要更新教育理念，可以从以下几个方面入手：

1. 确立一个目标

目标即知识与技能、过程与方法、情感态度与价值观三位一体的教育目标。

新课程改革不仅仅是基础教育领域的改革，在高等教育阶段依然适用。从课程功能的角度来看，新课程已经由传统的单纯强调基础知识、基本技能的掌握转变为知识和技能，以及学生学习的过程和方法、情感、态度、价值观的三位一体。对于人文素养教育来说，依然需要围绕着知识与技能、过程与方法、情感态度与价值观这样的三维目标来开展。一方面在让学生掌握人文素养知识的同时，让学生体验学习的过程、掌握学习的方法，获得相应的情感体验，丰富内心世界。而领导者首先需要树立这样的三维目标观，才能为广大教师树立榜样，更好地领导广大教师开展相关师范生人文素养教育工作。教育领导者需要明确，人文素养的培养，不仅是让学生掌握人文知识，更重要的是发展学生的良好的心理素质，提高师范生学习能力，为其开展教育和自我教育工作奠定良好的基础。

2. 转变两种方式

（1）转变教学方式

为什么领导者需要转变教学方式呢？因为领导者本身也是教育者，其对于教学方式理念会从自己的管理工作中影响到教师的教育理念，影响到教师的教学方式。另一方面，领导者也要开展学生教育工作，积累实践经验，为自己的决策安排奠定基础。从这个角度看，领导者成为教师，他的教学方式会直接影响到学生的学习。所以，教育领导者也需要转变教学方式，这里更多强调的是一种理念的更新。

心理学家奥苏贝尔把学生的学习分为接受学习和发现学习两种，而他倡导的是有意义的接受学习。与之相反，心学家布鲁纳倡导发现式学习。两种不同的学习方式没有孰好孰坏，二者皆有其存在的意义和价值，都有优点和缺点，二者相辅相成才能更好地促进学生的学习和发展。传统意义上，中国教育注重的接受学习，要求学生掌握知识，忽略了学生自我探索发现的重要意义，学生成为学习的机器、知识的容器，这显然与我们要开展的人文素养培育不相适应。人文素养不仅是人文知识的获得，更重要的是学生能力的提升、情感的转变。需要通过教育，提升学生自我学习的能力以及学生对人文素养知识的渴望，激发学生的学习兴趣和学习热情，方能达到预期的效果。因此，需要看到探究式教学方式、学习方式的重要意义。广大教育者需要注意的是，在现代教育理念中，教育者已经由单纯的知识的传授者转变为学生学习和发展的促进者。这意味着，教育者需要由管理转向引导，实现和学生的沟通和交流。如果教育领导者确立现代教学观，将引导相关教师更好地开展人文素养教育工作，实现既定的教育目标。

（2）转变评价方式

对于教育领导者来说评价方式的转变不仅仅是对学生的评价方式的转变，还包括对教师教学评价方式的转变。传统意义上的评价包括形成性评价和终结性评价，但传统教育以终结性评价为主，对学生的评价主要是以考试为主要评价手段，对教师的评价也是从学生的学习结果的角度来进行的，这种单一的评价方式很难准确的评价学生的学习情况以及教师的教学情况。人文素养教育成果的评价如果只停留在对知识获得结果的评价，忽视学生的学习过程、学习体验，将不能调动学生学习的积极性、主动性，不利于实现人文素养教育目标，不利于学生个性的健全发展。新课程标准淡化了评价的甄别选拔功能，倡导一种发展性评价理念。对于师范生人文素养的教育来说，目的更不是甄别、选拔，而是真正培养一批有较高人文素养的未来师者。因此，这不仅需要直接教育学生的广大教师转变评价理念、评价方式，对于教育领导者来说也需要转变教育理念。从教师评价的角度来看，如果只是单纯地看教师教育的学生获得多少人文知识，和我们的人文素养教育目标不相适应，并不能真正评价教师的教育教学能力，实现教师专业发展。因此，教育领导者需要更新评价方式，树立发展性评价理念，坚持质的评价和量的评价相结合，形成性评价和终结性评价相结合，实现评价主体多元化，真正实现以评价促发展。

3. 坚持两项原则

（1）个性差异原则

学生具有个别差异性，而且学生素质的形成和工业品生产不同，学生素质的形成不是整齐划一的，也不是批量加工完成的。高校学生每个人都有自己不同的经历和经验，因此，在制定培养方案、做出工作决策的过程中需要考虑到学生的个性差异，毕竟学生不是空着脑袋走进教室的，学生知识经验具有丰富性和差异性，需要做到尊重个性差异、尊重学生的多样化，采取弹性教育举措，制定灵活的培养方案、评估标准，促进学生个性发展。

（2）终身学习原则

终身学习是非制度化教育社会下形成的全新的教育理念，20 世纪 60 年代，保罗·朗格朗的《论终身教育》，是系统论述终身教育的开端，被誉为"可以与哥白尼日心说带来的革命相媲美，是教育史上最惊人的事件之一"。作为师范生人文素养教育的领导者，本身就需要不断学习，与时俱进，更新自己的相关人文知识以及管理理念。唯有如此，方能抓住时代的潮流，培养出符合社会发展需求的、具有终身学习理念的、高人文素质的新一代师范人才，为中国教育事业的发展提供高素质的教育人才。作为领导者，便是人文素雅教育的领头羊、带头兵，唯有自己做到终身学习，相关人文素养教育工作才能不迷失方向，向着既定的目标前进。

4. 树立四个意识

（1）对话意识

领导者不是高高在上的，而是要在管理过程中做到和教师和学生共同探讨新知识、探讨教育发展新思路，教育管理过程是一个平等对话的过程。管理者应以"对话人"的身份尊重同样作为"对话人"的教师、学生，放弃自己教育权威的架子。

（2）民主意识

新的管理理念强调管理要坚持方向性、民主性、科学性、有效性等原则，其中，民主性原则要求发挥全体教职工的积极性，共参与管理工作，依靠群众的智慧和力量。人文素养内涵丰富且广泛，更需要发挥群众的力量，走群众路线。在实施管理的过程中能够做到以下几点：

①调动全体人员的积极性，领导干部要起带头作用。全员积极性能否发挥，关键在于领导干部怎样去调动。

②依靠教师，民主办学。教师是教育工作的主力军，也是教育管理的主体。

③发动学生，加强自我管理。学生是学习的主体，也是教育管理的主体。

（3）服务意识

21 世纪管理者已经不是和"天地君亲"相并列的高高在上者，而是和其他教职工、和学生处于平等的"对话"地位。中国共产党一直坚持"为人民服务"，当社会各行各业都打出了"服务就是质量"的招牌，教育系统也应树立教育就是服务的理念，把教育对象变成服务对象。落实到人文素养教育管理的过程中，需要树立"为学生服务"的理念、"为教师服务的理念"，坚持"教育就是服务，服务引导创造，服务助推发展，服务奠定超越，服务改变人生"的理念，为人文素养培育工作更好地开展铺路。

（4）专业意识

教师职业是一门专门职业，教师是专业人员。作为教育管理者也需要树立自己的专业意识，要意识到不是随随便便谁都可以领导人文素养的教育工作，必须不断提升自己的专业意识、专业水平，以专业的态度、专业的方法领导师范生人文素养教育工作，实现人文素养教育目标。

二、基础建构：建构师范生人文素养课程与教学体系

（一）形成特色的人文素养培育课程

高校要彰显自身特色，需要从专业和学科特色的建立入手，纵观世界大学的发展历程，无不展现出这样一条规律：专业与课程相比，课程更重要。人才的培育必须以课程为基石，通过一系列富有特色的高品质课程，才能培养出高品质、高素质的人才，学校的办学质量和特色也相应地体现在该校的课程之中。师范生人文素养的整体提高，离不开学校完整的人文课程体系的建构。换言之，师范学校想要培养高人文素质的学生，必须重视本校人文课程的建设。关于人文课程，不同的时代有不同的见解。宏观上来看，传统的文学、艺术学、哲学、宗教学、语言学等都属于人文课程。随着社会变革和时代的变迁，有一些学者认为历史学、教育学、心理学等学科也属于人文学科，因而也是师范生需要学习和提升的部分。人文课程的开发设计及实施，其主导价值在于师范生认识的提升，意在通过相应的人文课程的学习，具备一双发现真善美的眼睛，在广袤的精神世界中无限畅游，充分挖掘自身的智慧和潜力。随着教育改革的推进，师范教育也在不断进行自我更新，人文素养越来越受到学者和高校的重视。不少学校将师范生人文素养的培育提上日程，开设人文课程，发展素质教育。教育改革的核心是课程改革，想要实现师范生人文教育突破性的进展，取得超越性的成果，必须从课程入手，这是高校师范生人文教育的必由之路。

1. 人文素质课程凸显素质教育理念

1999 年颁布了《中共中央国务院关于深化教育改革全面推进素质教育的决定》，规定实施素质教育。20 世纪末，素质教育在中小学首先得到重视和开展，素质教育的理念一时间深入人心。随着素质教育在中小学的普遍推行，也逐渐扩展到大学。实施素质教育是国家教育改革的大方向，高校的素质教育必须紧跟教育改革的步伐，认真贯彻落实素质教育的理念。实质上，高校开展素质教育，从

另一角度上来看就是要提高学生的人文素养，进行人文素养教育。部分学者人文，高校的素质教育就等同于文化素质教育，简化为人文教育。随着素质教育的发展，越来越多的专家学者开始倡导人文教育，强调素质教育的展开需从人文教育着手，逐步提高学生的人文素养和素质水平。人文素养的培育，离不开强有力的课程体系的支撑，所以师范教育需要强化人文课程体系建设，积极贯彻落实德智体美劳等全面发展教育方针思想，五育并举，有机统一在教育教学工作的各个环节之中。师范学校在进行课程设置的过程中，要体现课程的均衡性、综合性和选择性。改变传统的应试教育的理念，实现五育的融合与统一，通过开展丰富多彩的活动和社会实践锻炼，促进学生全面发展、协调发展。

随着教育改革的深入推进，素质教育的广泛实施，我国大学的办学目标有了不同程度的改进。本科教育一改原来大学教育要培养"专才"的理念，取而代之的是培养"一专多能"的全才。也就是说，大学要培养的不是传统学科教育下的技术工人或者说"工具人"，也不是功利主义的"经济人"，而是要培养真正对社会有用的"全人"，即全面发展的人。调查显示，中小学、幼儿园等基础教育教师是多数本科毕业师范生的主要选择和工作方向。一些学生表示，在参加教育实习的过程中，需要对所学知识进行二次加工，做到现学现卖。由此可见，传统教育已经不能满足当下教育发展的需要，不能满足学生未来发展的需求，必须结束只重视智力发展、知识传授的局面，代之以德智体美劳的全面发展，更加注重学生学习能力的提升，毕竟"授人以鱼，不如授人以渔"。此外，十八大以来，一直强调要把"立德树人"作为教育的首要任务，把德育工作放在首位。正所谓"德胜才谓之君子，才胜德谓之小人"，师范生是未来的老师，师德是重中之重，高校师范生培养必须重视学生品德的教育。实施素质教育可以避免学生"有才无德"的尴尬局面。在课程建设过程中，高校要求以素质教育理念为指导，体现课程的选择性，开设大量的选修课，如可以将文学、历史学、哲学、美术学、戏剧、电影、音乐等作为选修课供学生自愿选择，必要时可做相应的学分和门类的规定。此外，也可以把学术讲座列入学生学习的范畴，鼓励学生参加丰富多样的文娱活动，如各种辩论赛、大学生艺术节等，在潜移默化中提升学生的人文素养。

2. 发挥隐性课程的积极作用

隐性课程是指学生在学校情景中无意识地获得经验、价值观、理想等意识形态内容和文化影响，也就是学校情境中以间接的内隐的方式呈现的课程，具有非预期性、潜在性、多样性、不易觉察性。在古希腊时期，"苏格拉底通过诘问术启发学生深入思考，柏拉图提出道德教育主要靠环境的影响和音乐、文学的感染以及行为习惯的培养"。[①]，亚里士多德认为要通过实践进行道德教育。其后，"杜威提出的'同时学习'概念以及克伯屈的'伴随学习'概念"。[②]，对隐性课程的研究有启蒙作用。学校教育要发挥隐性课程的优势，积极挖掘隐性课程这一宝贵的财富。对师范生来说，隐性课程同等重要，通过不断积累隐性课程可丰富其他课程资源。此外，大学品位的提升依然离不开隐性课程的作用。因此，高校领导者要在优化、重视显性课程的同时，注意积极构建隐性课程，充分认识隐性课程在师范生人文素养过程中的重要意义，发挥隐性课程的优势，不断积累，提高大学人文素质，实现大学人文发展。

师范生人文素养培养过程中，需要注意到的隐性课程有三类：一是经典的，如文学、艺术学、语言学、哲学、宗教学等；二是模糊的，如历史学、教育学、心理学等；三是交叉的，如人类学、文化学、考古学、新闻学等。高校师范生人文素养培养的过程中存在的一个问题是只重视显性课程，忽视隐性课程的影响。存在该问题的原因，首先，从社会角度来说，应试教育和教育功利化思想的普遍传播导致实用主义盛行，越来越多的人青睐应用型的专业，而人文学科则备受忽视。其次，从历史角度上看，我国教育目的的理论一直受到社会本位论的影响，大多数学生会把个人理想和国家利益结合起来，国家和社会对"人"造成挤压，导致人文素质教育课科学教育失衡，而且大多数人身上所具备的人文素质往往和政治相关联，具有一定的政治倾向。最后，从本体角度上看，教条主义的盛行，导致人文课程开发缓慢，其实施和评价也不同程度受到影响，不少学校在进行人

---

① 魏晓静. 基于隐性课程理论下的高校思政教育研究［J］. 科学与财富，2016（12）：638.
② 姜宪. 对小学体育隐性课程的开发研究［D］. 北京：北京体育大学，2018.

文素养教育的过程中往往倾向于显性课程，表现出急功近利的现状，最能体现人文课程人文性的隐性课程反而缺失。

研究表明，隐性课程在师范生人文素养培养过程中其效果比显性课程更好，是因为隐性课程相对于显性课程，具备以下三个优势：一是隐性课程具有普遍性。也就是说，隐性课程时时在，处处在，只要有教育就有隐性课程存在，只要有人就有隐性课程存在。二是隐性课程具有人文性。隐性课程强调人的全面发展，关注的是学生学习能力的提升以及学生的情绪情感体验，这都与显性课程的应试性形成鲜明的对比。三是隐性课程具有持久性。隐性课程是在学生的学习、生活过程中产生的潜移默化的影响，和学生的情感、兴趣、价值观相联系。学习动机主要是内部动机，而显性课程更具应试性，受到外部动机的支配。在学生学习的过程中，内部动机是更持久的动力，受内部动机驱动的学习，记忆效果更好。爱因斯坦曾说："学校应该永远以此为目标：学生离开学校时是一个和谐的人，而不是一个专家。我认为在某种意义上，这对于那些培养将来从事较确定的职业的技术学校也适用。被放在首要位置的永远是独立思考和判断的总体能力的培养，而不是获取特定的知识。"按照爱因斯坦的观点，无论是综合大学、师范学校，还是培养专业人才的职业学校，同样适用这个观点。无论是哪种类型的学生，无论要培养什么样的人才，他们都具有共同的特征：即要具备独立思考和判断的能力。置身于世界著名大学，如哈佛、斯坦福大学等，令人流连忘返的不仅仅是校园优美如画的自然风光，更让人难忘的是校园风光中所折射出的浓厚人文气息，它们丰厚的历史底蕴、严谨的校风学风，给人生机勃发的感觉，传递出一种敢为人先的精神和氛围，校园里无处不在的知识与文化让人在不知不觉中得到升华，正所谓"入芝兰之室，久而不闻其香"。

若要陶冶师范生的情操，培养其健全人格，隐性课程的影响不容小觑。"金无足赤，人无完人。"毋庸置疑，隐性课程也有自己的缺点，在师范生人文素养教育的过程中，我们要做的是发掘隐性课程的积极作用，扬长避短，实现教学过程的最优化。

3. 强化学校通识教育

所谓通识教育，指的是一种具有普遍意义的人生教育，它来源于自由教育。古希腊教育家亚里士多德曾倡导一种自由教育或者说是文雅教育，二者并不完全相同。通识教育的目的是促进学生的健康、全面发展，培养其勇于探索、敢于创新、善于判断、乐于奉献的人。通过通识教育，设置相应的通识性课程，培养学生学习的能力，激发学生学习的欲望，培养学生独立探索的能力，最终实现学生的全面发展，为其将来适应社会做好准备。师范学校人文素质教育的开展，必然离不开通识教育的实施。通过建构合理的通识教育课程体系，实现提升师范生的思想境界、浸润其心灵的目的。受到传统教育的影响，我国教育界，无论是基础教育还是高等教育，面临的一个共同问题是人文教育的缺失。如中学的文理分科，重理轻文的应试教育，这些都是导致学生人文素质缺失的重要因素。"师者，传道授业解惑也。"教育本身就是一种人文活动，需要人文精神的滋养。教育的本质是培养人的社会活动，不仅要教会人知识，还要塑造人的灵魂。教师是人类灵魂的工程师，师范教育是培养未来教师的教育，所以在师范教育中，人文素养教育举足轻重。无论是单纯的人文性课程，还是传统的数学、物理、化学、生物等理科，也无不体现出深厚的文化内涵。通过这些学科，可以帮助学生练就一双发现美、欣赏美的眼睛，锻炼其发现美、欣赏美、创造美的能力，培养其追求真理、现身科学的精神。因此，师范生人文素养的培育，除了重视专业的人文课程之外，还需要发掘科学课程的人文内涵，建构其完善的通识教育课程体系。

目前，大多数高校课程设置基本涵盖三个方面，一是学科专业课程，二是教育专业课程，三是公共基础课程。在此基础上，一些高校结合自身状况做出相应的教育改革。例如，上海师范大学，以"在全体学生中加强人文素养教育"为理念，设置文化素养课程，包括思想政治课、人文、社会、自然、艺术和教育，该课程属于限定选修课程，要求师范生要修满14学分；南京师范大学以"为拓展学生兴趣、爱好和知识面，帮助学生发展良好个性与特长"为理念，设置文化素质教育公共选修课，要求修满6学分；首都师范大学以"拓展知识面，发展特长，提高文化素质和教师职业技能，增强适应性，更好地满足未来从事基础工作的需要"为理念，设置公共选修课，包括人文社会科学、自然科学、艺术与体育、教育科学等，要求学生修满 12 学分等。由此可见，受到对通识教育概念和认识的局限性的影响，部分高校的通识性课程仍然以文化素质课程相对应。这些尝试，并不算真正意义上的通识性课程，缺乏统一的章程和体系，没有专门的管理和实施机构导致通识课程的质量不高。

中国现有的公民意识教育与思想政治课程紧密结合，是一种自上而下的、以社会主义核心价值观为社会主义意识形态和社会主义先进文化核心的公民意识教育。然而，公民意识教育应当不限于思想政治课程，应当尽可能减少教育功利主义以增强公民责任心和创新性，在学习中融入人文主义培养原则，着重培养如对话、宽容、倾听、尊重、分享、承担责任，以及理解他人的动机和感受等公民技能。特别应重视在突出科学知识的学科领域融入哲学、人权、艺术、社会感情能力和媒体素养等人文教育。[①] 因此，为培养师范生的人文素养，需要将人文教育与科学教育结合起来，设立专门的研究及后，配备专业人员，做好课程体系规划，实现公共基础课程、教育专业课程、学科专业课程的融会贯通，打破文理科界限。高校可以开设对应的选修课，如音乐、美术、科技、历史等课程，供各个年级的学生自由选择。在师范生教育的过程中，可以更加开放，把课堂还给学生，提供大量人文及科学类书籍，供学生自主学习选择；让学生自行设计课堂和教学，教师负责点评，以提高学生的理论应用能力，做到理论与实践相结合。

4. 课程设置彰显师范特色

师范专业的办学形式、课程设置、教师培训的决定权一直掌握在相关部门手中，导致师范教育办学特色缺失，几乎与普通专业融为一体，难以培养出高质量的教育人才。为此，高校在师范生教育过程中，要开设体现师范专业特色的课程可以从三个方面入手：首先，在保障专业学科课程体系完整性的基础上，整合相关学科专业课程，突出师范课程的比例。如，改变课程的课时、学时比例，由 2 学期改为 1 学期，既能保证相关知识的学习，又可以合理配置其他资源。其次，

---

① 连爱伦，王清涛，张际平. 教育的未来：学会成长——联合国教科文组织《学习的人文主义未来》报告述评 [J]. 全球教育展望，2021，50（4）：80-89.

设置一系列实践操作类课程，培养学生的实践能力。如《小学课程教学论实训》《班主任工作艺术》等。将理论与实践结合起来，注重考查训练。最后，课程设置要彰显人文性。教师除了要掌握必备的知识素养，还要具备相应心理素养。师范教育不仅要传授学生知识，还要注意锤炼学生品格，丰富其情感体验，促进人格发展。

（二）营造高尚的人文教育环境氛围

学生和教师最主要的活动场所是校园。校园文化是以学生为主体，以校园为主要空间，并涵盖院校领导、教职工，以育人为主要导向，以精神文化、环境文化、行为文化和制度文化建设等为主要内容，以校园精神、文明为主要特征的一种群体文化。校园文化是一种隐性的教育资源，会潜移默化地影响学生。校园文化中蕴含着丰富的文化内涵，对学生文化素养的培养具有举足轻重的作用。所以在进行师范生人文素质教育的过程中，需要重视校园文化环境氛围的创设。

大学环境是以高校校园为活动范围，以校园文化、学校历史传统为基础，以大学生为活动主体，以具有校园特色的物质为外部表现形式，制约和影响着大学生活动及发展的特殊环境。大学生人文素养的提升一个重要的途径便是良好、和谐校园文化环境的营造。一所学校优美的环境、良好的秩序、文明的行为、具有高尚文化的校园，能够有效陶冶学生的情操，发挥环境的育人作用。正所谓，让每一面墙壁都说话，让每一角落都育人。因此，师范院校可以采取人文措施与制定制度来优化校园环境，增强校园文化氛围。

与此同时，高校在进行师范生人文素养培养的过程中还需要营造良好的人文氛围。高校在办学过程中要逐渐形成自己的人文特色，一方面要在了解本校发展历史和文化渊源的基础上，扬长避短，逐步建构独具特色、兼具科学性、艺术性和教育性的校园文化体系；另一方面，高校要能够与时俱进，开拓创新，兼容并包，突出校园文化特色。

（三）实践活动中渗透人文素养教育

提升师范生的人文素养，可以通过组织丰富多样的活动来进行，让学生在活动中，实现理论与实践的完美融合。正向健康的校园文化活动是师范生成长和发展的必要的、可靠的精神环境和文化氛围，高校通过支持、引导学生的各种校园活动，如英语角、书法社、手工协会、羽毛球协会等运动俱乐部等，强化学生的实践能力，提升学生的人文素养。此外，师范教育的人文素质实践活动，要能够突出寓教于乐的特点，调动学生学习的积极性和主动性，由原来的"要我学"转变成"我要学"。让学生在参与活动的过程中，掌握人际交往的技巧，学会合作，为将来职业发展奠定基础。

此外，学术讲座和宣传展览也是提升师范生人文素养的重要途径。因此，高校可以聘请有关专家学者来校，定期或不定期地开展相应的人文讲座，利用名人、名师、专家的影响力和人格魅力，传递给学生一定的人文思想，经过学生的消化、吸收，转变为自身宝贵的精神文化财富。学生在听学术讲座、学术报告的过程中，难免会获得新思想、新观点，这些新思想、新观点有利于增强学生的好奇心和求知欲，激发学生的探索精神，由此可以在校园形成浓厚的学术氛围。在这个过程中，师范生通过不断的自主学习、自主探究，其创新精神和实践能力都会得到很大程度的提升。另一方面，专家学者的讲座宣传也有利于良好、积极的校园文化氛围的形成，潜移默化中拓宽学生的视野，增长见识，陶冶情操。丰富多彩的实践活动，为师范生发挥自己的创造性提供了平台，通过丰富多彩的实践活动，学生的人际交往能力、语言表达能力都得到进一步的提升；通过一些文学艺术性活动，学生的艺术修养可以得到一定程度的提升；丰富多彩的实践活动可以增强学生的竞争合作意识和创造能力，为学生的未来发展定向，促使学生积极投身于当前的学生和生活之中。实用主义和功利主义的影响根深蒂固，但是作为师范学校，未来教师的培育者，仍需保持头脑清醒，不忘初心，牢记使命。坚持以人为本，以立德树人作为教育的首要任务，沉淀校园人文传统，营造积极浓厚的人文氛围，净化师生的心灵，提升精神和人格内涵，培养健康的情感，构建人文校园，实现学生全面发展和学校的可持续发展。

三、关键环节：提升教师队伍的人文素质

教师的工作对象是学生，是具有能动性的人，这就意味着教师职业具有特殊

性，而教师职业的特殊性对教师提出了更高的要求，要求教师是高素质的专业人才。在教师素质中，人文素质是重要的组成部分。"师者，传道授业解惑也。"教师不仅是知识的传授者，更是学生学习的促进者和示范者，对学生起到"言传身教"的作用。教师职业劳动的示范性意味着教师的学识、修养、能力能够潜移默化地影响学生的价值观、人生观、职业观，师范生人文素养的培育切不可忽视教师示范作用和榜样力量用。教学是师生之间交往互动的过程，教学是教师的教和学生的学组成的双边活动，这意味着教学过程绝非是单纯的知识传递，而是师生之间知识、情感、思想、人格等的交流沟通过程，是理性与情感、内容与形式相结合的过程。发展素质教育，必须重视提高高校教师的人文素质，这是当前教育发展的必然需求。

（一）引进高素质高层次专任教师

学校首先要深化人事制度改革，完善教师职务聘用制，在定编定岗的基础上，全面推行公开招聘、平等竞争、择优聘用的教师聘用制度。近年来国家大力培养高层次高学历人才，各高校大量扩招博硕研究生，使得人才市场上流动的高素质人才增多，这让高校聘用高学历、高水平、高素质的人才更加容易。此外，学校还应该努力改善专职教师的教学、科研和生活条件，解决本校教师在学习、工作和生活中的困难，使他们能够全身心地投入教学工作中去。

人文素养的提升看似"自我"，实质上并不可能脱离教师的间接引导和熏陶，因为人文素养是后天养成的，不可能做到"无师自通"。因此，教师必须对师范生的人文素养修炼树立起高度的责任感。教师不论是教授专业课还是通识课，都要有教书育人的责任感，要帮助学生正确选择学习课程，和组织课外活动，要在课程讲授中帮助学生了解和把握正确的价值观方向，使他们的人文素养朝着积极的方向健康发展。

（二）灵活开展教师人文素养培训

21 世纪以后，教育呈现出全民化、终身化、多元化、现代化、自觉化等特征，也对教师提出了新的、更高的要求。总结时代发展经验和相关教育经验，发现现代社会教师职业发展的最佳方式是教师自主成长。胡锦涛同志提出教师要做到"爱岗敬业、关爱学生，刻苦钻研、严谨笃学，勇于创新、奋发进取，淡泊名利、志存高远"；习近平总书记提出要做"四有好老师"：有理想信念、有道德情操、有扎实学识、有仁爱之心。为加强基础教育教师队伍建设，丰富教师人文底蕴，2007 年上海市开始实施"中小学教师人文素养提升计划"，通过文史知识的学习，帮助教师养成自觉学习、主动阅读的好习惯，在阅读和学习的过程中拓宽视野，促进思维深度和广度的不断提升。教师的知识素养包括广博的人文知识素养、精深的学科专业素养、政治理论知识素养、教育理论知识，以及丰富的实践知识。教师的自主成长，一方面表现为知识素养的不断丰富和提高。而知识素养的丰富和提高，离不开知识的储备、视野的拓宽，唯有如此，方能成为人文素养丰厚，专业知识精深、政治理论扎实、实践知识丰富的新时代教师。另一方面，教师的知识素养中还包含了教育理论知识，意味着教师仍需要学习教育学、心理学等相关知识，了解教育思想精华以及优秀的教育经验，并且在教育工作实践中，逐渐地用这些知识来充实自己的教学，使教育实践的精粹转变为个人的教育理念、理想和情操。

（三）落实以人为本教师管理机制

现代社会越来越重视"人权"，以马斯洛、罗杰斯为代表的人本主义教育也高度重视"人"的价值，在教育管理的过程中我们依然倡导一种"以人为本"的管理机制。所谓以人为本，强调的是在管理的过程中要表现出对人的关怀，对人的认可，能够做到尊重人，强调人在社会发展中的主体地位。在教育管理的过程中，所谓的以人为本就是要以广大教师、教育工作者为本，确立教育工作者、学校教职工的中心主体地位，以他们的需要和感受为参考，采取相应的管理措施。

高校教师的门槛相对较高，越来越多的高校对教师的素质、学历提出了更高的要求，所以高校任教的教师基本上都是精挑细选出来的高素质、高质量、高学历的人才。越是高素质，越是有自己思想，无论是自身的世界观、人生观还是价值观都有自己的见解。从人本心理学的角度来看，高校教师是追求自我管理和努力实现自我价值的人，他们追求自主、倾向于一个灵活的组织和自主的环境，不愿意受到领导过多的说教或干涉。① 所以高校教师群体在情感上提出了更高的要求，如个人声誉、自身价值的实现、学生的尊重和信任等。矛盾的是，一些高校在进行管理的过程中，完全依靠行政管理，人性化的缺失，意味着对教师情感需要的忽视，这样的结果是教师的教学潜力难以得到最程限度的发挥，不利于教师能力的提升和发展，降低了教师的教学积极性，容易产生职业倦怠。未解决当前管理过程中存在问题，需要将"以人为本"的理念纳入教师管理过程中，改变"学校本位"的观念，真正做到理解、尊重教师，为教师的工作提供良好的环境氛围，最大限度发挥教师的育人作用。

同样的，教师在教育教学的过程中也需要体现"以人为本"，将"以人为本"的理念内化，在教育工作中表现出高度的自觉性、自主性，以及一定的创造性。与此同时，教师要有坚定的教育信念、崇高的职业理想，保证自己工作的动力源泉，以育人为己任。

教师专业发展不仅是技能的提高，更重要的是观念的变革。要提升教师的人文素养，仍需教师个人的不断努力，将人文精神、职业情怀内化为个人情感和经验，唯有如此方能成为真正的具有人文精神和内在情怀的优秀教师，才能教育出具有同样高人文素质的学生。

(四) 强化教师人文教育教学方法

教育过程中，教师处于主导地位，学生既是教育的主体又是教育的客体。这就意味着教师在进行教育的过程中必须考虑学生的主体地位，以学生为中心来开展相关的教育活动。换句话说，学生是教育的根本出发点，师范学校人文教育更是如此。教育是一种培养人的社会活动，所以师范学校人文教育要以此为目的，拓展学生的学习领域，提高学生的学习能力和审美能力，帮助学生追求真正的真善美。

以学生为主体就意味着教师在教育过程中必须贯彻因材施教的教学原则。第

---

① 束仁龙. 略论"以人为本"的高校教师管理 [J]. 黑龙江教育, 2011 (3): 34-35.

一，在了解学生学习兴趣的基础上，对不同的课程门类进行优化组合，调整课程结构，建立满足不同学生学习兴趣的和需要的人文课程体系，使学生保持浓厚的学习兴趣和高度的学习热情学习人文课程，从而提升自己的人文素养。与此同时，高校要适时开展多样的人文活动，并鼓励学生积极参与，将人文教育融入师生的学习和生活之中，达到"随风潜入夜，润物细无声"的效果。第二，改变传统的单一的班级授课为主的教学组织形式，适应学生个性多元化的发展需求，采取灵活多样的组织形式，如分层教学、合作学习等教学组织形式，调动学生学习的积极性和主动性，促进全体学生的充分、全面发展。第三，注重以人为本，强调教师的引导作用。在教育过程中，教师要练就一双善于发现的眼睛，通过日常观察学生的行为以及与学生的思想交流，及时了解学生的学习生活，及时发现问题、解决问题。值得注意的是，教师在与学生交往的过程中，需要做到尊重学生，站在学生的角度思考问题，考虑学生的现实需要，提高其人文素养学习的积极性、主动性和自觉性。总的来说，教师的课程教学设计能力也至关重要，在教学活动中教师可以采用多种教学方法进行教学，用不同的方式灵活体现思政元素，引导和培养学生的政治认同和文化认同，提升学生思想政治素质和能力，达到课程"育人"的目标。①

四、重要一环：构建人文素养的评价标准

评价是教育过程必不可少的重要环节，一个科学、公正的评价，能够为教学的后续发展提供良好的开端，平衡各方面之间的关系，充分调动师范生自我教育和自我学习的积极性和主动性，从而促进师范学校人文教育质量的提高。但是，学生的个性千差万别意味着学生教育工作具有复杂性和特殊性，这就意味着建立科学、完善、合理的人文素养评价体系绝非易事。目前，多数开展人文素养教育的高校，在评价的过程中普遍面临以下三个问题：一是过分强调量化指标，忽视了评价的内在激励功能；二是评价方法单一，缺乏创新，滞后于现实社会发展需

① 李有桂，吴祥，朱成峰，等."课程思政"视域下高校教师人文素养的培育［J］.高教学刊，2020（31）：169-171.

求；三是评价内容单一，全面性不够。人文素养的范围十分广泛，包括人文知识、人文行为、人文精神和人文方法等，不少国家进行的学生核心素养的培育中就蕴含了广泛的人文素养培养需求。在这广泛人文素养内容中，只有人文知识可以通过量化的方式来进行相对性的考察和评价，人文精神、人文方法、人文行为等都是难以量化的指标，所以在进行评价的过程中，必须体现评价方法的多元化，量的评价和质的评价相结合，建构高效的人文素养评价机制，提高人文教育质量，提升师范生的人文素养。

（一）制定具体可操作的评价指标

1. 客观评估人文知识

所谓人文知识，是人类历史发展积累下来的宝贵的精神财富，是优秀经典学问，是师范生必备的素养之一。对人文知识的重视，对学生人文知识掌握程度的考核，是提升师范生人文素养的重要一环。但现实的情况是，就业难是当前许多大学生毕业时面临的头号难题，为了解决这样一个问题，不少高校在对学生进行培养的过程中就强化了学科专业成绩的地位，高度重视学生学科专业成绩的评价考察，而忽视学生人文素养的教育与发展，在教育过程中缺少相应人文知识的传授和考核。所以，高校必须重视人文知识的客观评估。

具体而言，师范学校在进行人文知识考核过程中，可以通过量化的方式来进行，通过测验得到量化分数，进而做出相应的评价。师范学校可以根据本校师范生的年级和专业的同，设计相应的考核题目，结合师范生的专业课、教育课、公共课等，对师范生进行定期考核，判断学生的人文知识掌握情况和发展情况，为进一步的教学提供参考。此外，考核形式也要体现理论与实践相结合。传统的纸笔测验的考试形式，很难对学生的人文知识掌握情况进行客观准确的评价，不利于学生人文素养的自觉提升。所以，师范学校要注意可以在纸笔测验的基础上，增加适宜的实践考核，通过学生的实践表现，对其进一步做出客观、公正的评价，鼓励学生将理论与实践相结合，多参加社会实践活动，避免纸上谈兵，在实践中陶冶、提升自身的人文素养。

2. 注重考核人文态度

人文态度是人文素养的重要组成部分之一，是人文素养的内在、深层体现。所谓人文态度指的是一种积极的态度，健康的态度，是一个人良好的处事心态。之所以要注重师范生人文态度的培育与考核，是因为良好的人文态度是一种正向的引导力量，引领师范生自觉开展自我教育。同时，人文教育又是"内化"的，是抽象的，它不同于专业知识的"外显"，容易受到忽视。毋庸置疑，公正、合理的人文态度考核评价标准的建立是师范生人文素养评价的必须，是师范生人文素养教育的必要基础。

师范生人文态度的考核，可以从以下四个层面来进行：一是认知。认知过程是指人脑对客观事物的现象和本质进行反映的过程，包括感知觉、记忆、思维和想象等心理现象。认知是人文态度的基础。二是价值。所谓价值，指的是人文素养的价值以及师范生和教师对其价值的看法，也就是师范生和教师对人文知识的重视程度。三是交往。交往是人与人之间的交流与互动，这集中表现出师范生和教师在日常学习生活中的态度，反映的是师生的人文行为。四是活动。活动即行动，也就是师范生替身自身人文素养的行动，反映的是学生学习的自觉性和主动性。认知、价值、交往和活动相结合，建立相应的符合校本特色的人文态度考核标准，做到客观评估、动态管理，才能实现高质量的人文素养教育。

（二）建立人文素养内部评价机制

现代评价理念强调评价方法的多样化、评价主体的多元化和评价内容的综合化。师范生人文素养的培养离不开质量评价，在评价的过程中，需要逐步建立完善的内部评价机制。这里所说的内部评价机制，强调在评价的过程中，不仅要注对学生的评价，也要对高校教师和学校的行政管理人员进行相应的评价。一般而言，学校在学期末会有对教师的评价行为，这种评价需要进一步改进。第一，评价可以贯穿整个学期、学年的教育教学过程中，实施过程评价；第二，对教师职业水平的评价内容要全面，涉及教师的教育教学水平、专业领域的研究深度以及对民族精神的理解和感悟及其在教育教学过程中的体现和运用。学生具有向师性，虽然大学生已经成年，但教师的言行依然会对学生产生潜移默化的影响。教师权威体现在其职权影响力以及人格影响力，更重要的是人格。教师的人格特征对学生的影响是直接且长久的；教师所展现出来的人格魅力是他的世界观、价值观、人生观以及情感的体现，而这些都会对学生起到潜移默化的影响，是学生学习的榜样。师范生是未来的教师，他们将来所面对的更多的是身心发展不成熟的未成年人，更容易向老师学习。所以必须从源头入手，在师范生人文素养培养的过程中，注重对教师人文素养的全面评价，建立完善的教师人文素养评价机制，明确教师人文素养评价内容，包括人文知识、人文态度、人文精神等方面，使教师真正成为文化底蕴深厚、具备人文关怀的教师，成为学生的榜样。

参考文献

[1] 谭焱良,罗薇.大学生素质拓展活动教育研究[M].长沙:湖南师范大学出版社,2008:10.

[2] 连爱伦,王清涛,张际平.教育的未来:学会成长:联合国教科文组织《学习的人文主义未来》报告述评[J].全球教育展望,2021,50(4):80-89.

[3] 束仁龙.略论"以人为本"的高校教师管理[J].黑龙江教育(高教研究与评估),2011(3):34-35.

[4] 魏晓静.基于隐性课程理论下的高校思政教育研究[J].科学与财富,2016:45-47.

[5] 肖振宇,乔芳菲.高师院校培养学生人文素养的探讨[J].教育探索,2012(10):77-78.

[6] 姬文利.人文素养与和谐教育[J].陕西师范大学学报(哲学社会科学版),2006(S1):238-240.

[7] 李有桂,吴祥,朱成峰,魏凤玉."课程思政"视域下高校教师人文素养的培育[J].高教学刊,2020(31):169-171.

[8] 崔学勤.新形势下小学教师人文素养的构建研究[J].贵阳:贵州师范学院学报,2012,28(7):71-74.

[9] 向薇,张平,占正寅.三甲医院外科护士职业人文素养状况调查分析:兼论护理人文素养教育的现实进路[J].中国多媒体与网络教学学报(中旬刊),2020(12):236-239.

[10] 徐朝阳.当前中学生人文素养缺失问题分析及对策研究[D].武汉:华中师范大学,2014.

[11] 姜宪.对小学体育隐性课程的开发研究[D].北京:北京体育大学,2018.

[12]　周原宇. 基于大学生人文素养的经典阅读研究[D]. 长沙:湖南农业大学,2020.

[13]　沈涵. 基于人文素养的高中历史教学策略研究[D]. 福州:福建师范大学,2020.

[14]　翟燚. 思想政治课教学中提升学生人文素养的路径探究[D]. 大连:辽宁师范大学,2016.

[15]　周原宇. 基于大学生人文素养的经典阅读研究[D]. 长沙:湖南农业大学,2020.

[16]　朱坤红. 历史学科人文素养培养的实践探究[D]. 乌鲁木齐:新疆师范大学,2015.

[17]　柳万一. 小学音乐鉴赏课实施人文素养教育的对策与研究[D]. 苏州:苏州大学,2016.

[18]　刘彬彬. 初中物理教学中培养学生人文素养的研究[D]. 岳阳:湖南理工学院,2019.

[19]　刘松林. 基层民警人文素养提升对策研究[D]. 北京:中国人民公安大学,2020.

[20]　舒惠娟. 中职语文教学中学生人文素养的培养[D]. 杭州:浙江工业大学,2016.

[21]　杨竣羽. 传统文化资源培养中学生人文素养的实现路径研究[D]. 呼和浩特:内蒙古师范大学,2020.

[22]　冯菁. 中等职业学校学生人文素养现状调查及对策研究[D]. 南昌:江西农业大学,2020.

[23]　郝佳. 高师院校师范生人文素养现状研究[D]. 沈阳:沈阳师范大学,2013.

[24]　舒惠娟. 中职语文教学中学生人文素养的培养[D]. 杭州:浙江工业大学,2016.

[25]　刘容序. 新课程背景下思想政治课教师人文素养的发展策略研究[D]. 大连:辽宁师范大学,2014.

[26] 姚尧. 语文教师的人文素养研究[D]. 延安:延安大学,2017.

[27] 赖足霞. 中学化学教师人文素养量表的编制与初步应用[D]. 长沙:湖南师范大学,2016.

[28] 涂淑萍. 中职教师人文素养的培养研究[D]. 福州:福建师范大学,2014.

[29] 李佳颖. 新疆地区医务人员人文素养现状及对策研究[D]. 乌鲁木齐:新疆医科大学,2013.

[30] 刘梦媛. 加强理工类院校本科生人文素养的研究[D]. 大庆:东北石油大学,2019.

[31] 王琳. 昆明:昆明理工大学理工科研究生人文素养培育研究[D]. 昆明:昆明理工大学,2019.

[32] 王洋. 高中英语教学中人文素养的培养现状及策略[D]. 重庆:西南大学,2021.

[33] 何爽. 高中地理活动教学中人文素养培养研究[D]. 武汉:华中师范大学,2017.

[34] 陈睦婷. 高中思想政治课人文素养培育研究[D]. 上海:上海师范大学,2019.

[35] 刘燕. 新课改背景下中学历史人文素养教育的现状与反思[D]. 开封:河南大学,2014.

[36] 舒惠娟. 中职语文教学中学生人文素养的培养[D]. 杭州:浙江工业大学,2016.

[37] 孙雪梅. 高中古诗文教学中学生人文素养培养研究[D]. 成都:四川师范大学,2015.

[38] 徐小凤. 新课标背景下高中小学教学的人文素养培养研究[D]. 厦门:集美大学,2020.

[39] 顾文磊. 思品课中小学生人文素养培养研究[D]. 苏州:苏州大学,2016.

[40] 闫宏荣. 思想政治课教学中学生人文素养的现状及培养对策研究[D]. 大连:辽宁师范大学,2018.

[41] 常爱江. 高中物理教学中渗透人文精神的研究与实践[D]. 济南:山东师范大学,2013.

[42] 宋丽. 中职艺校语文教学中人文素养的培养策略[D]. 苏州:苏州大学,2015.

[43] 辛晓峰. 以儿童文学阅读培养学生人文素养实践研究[D]. 咸阳:西北农林科技大学,2018.

[44] 武晶晶. 小学语文教师人文素养的调查研究[D]. 固原:宁夏师范学院,2018.

[45] 尹文忠. 初中数学教师的人文素养现状研究[D]. 济南:山东师范大学,2010.

[46] 周岑岑. 初中英语教师人文素养现状研究[D]. 重庆:重庆三峡学院,2018.

[47] 付倩倩. 长沙市普通高中理科教师人文素养的初步研究[D]. 长沙:湖南师范大学,2015.

[48] 黄丽. 大学教师人文素养探析[D]. 上海:华东师范大学,2009.

[49] 张贺程. 高校思政课教师人文素养拓展问题研究[D]. 北京:华北电力大学,2015.

[50] 张波. 警察人文素养调查及其培养研究[D]. 沈阳:沈阳师范大学,2011.

[51] 何小莉. 护士医学人文素养强化培训模式构建与效果研究[D]. 苏州:苏州大学,2020.

[52] 丁洁. 中学语文教学中人文素养的培养研究[D]. 长春:东北师范大学,2013.

[53] 郑颖. 小学高年级语文教学中学生人文素养现状与培养策略研究[D]. 沈阳:沈阳师范大学,2018.

[54] 林丽香. 高中英语教学中人文素养教育现状调查与改进策略[D]. 福州:福建师范大学,2015.

[55] 吴巧平. 新课改理念下学生地理人文素养培养的实践研究[D]. 石家庄:河北师范大学,2015.

［56］　梁粤东. 初中历史学科"人文素养"培养问题研究［D］. 桂林:广西师范大学,2020.